Contes et Légendes de l'Iliade

Pour mieux connaître les dieux, les personnages et les décors de l'Iliade, tu trouveras un petit dictionnaire des noms propres page 161. Si tu souhaites en savoir plus sur Homère et sur l'Iliade, tu peux consulter le petit dossier de la fin du livre.

Cette édition des Contes et Légendes est une version adaptée pour les lecteurs de 8 à 12 ans.

Responsable de la collection : Frédérique Guillard
Direction artistique : Bernard Girodroux, Claire Rébillard, Laurence Moinot

HOMÈRE

CONTES ET LÉGENDES DE L'ILIADE

Adaptation de Jean Martin

Illustrations de Romain Slocombe

NATHAN

DIEUX QUI SOUTIENNENT LES ACHÉENS

Athéna

Héra

Poséidon

CHEFS ACHÉENS

Nestor

Agamemnon

Achille

Patrocle

Ajax

Ulysse

Ménélas

DIEUX QUI SOUTIENNENT LES TROYENS

APHRODITE

ARÈS

APOLLON

TROYENS

PÂRIS

ÉNÉE

ANDROMAQUE

SARPÉDON
ALLIÉ LYCIEN

HECTOR

PRIAM

HÉLÈNE

Hélène, enlevée à son mari Ménélas par Pâris, est la cause de la guerre.

*« Rapace !
Comment
veux-tu qu'on
obéisse de
bon cœur à un
tel général ? »*

LA COLÈRE D'ACHILLE

1

DÉESSE[1], chante-nous la colère d'Achille, sa colère désastreuse, qui causa tant de malheurs aux Achéens, et en jeta des milliers chez Hadès – c'était la volonté de Zeus –, du jour où une dispute s'éleva entre Agamemnon et le divin Achille.

Chrysès, prêtre d'Apollon, était venu au camp des Achéens assiégeant Troie, pour racheter au prix d'une énorme rançon sa fille Chryséis, captive[2] d'Agamemnon. Or, Agamemnon refusa et chassa brutalement le prêtre :

1. Déesse, *n. f.* : divinité féminine. Le poète se sert de ce nom pour s'adresser à la Muse, qui lui donne son inspiration.

2. Captive, *n. f.* : prisonnière de guerre réduite en esclavage.

« Je ne la rendrai pas ! Et fais attention, vieillard ! Que je ne te reprenne pas à traîner près de nos vaisseaux ! Sinon… »

Alors, pour venger l'offense[1] faite à son prêtre, Apollon, le dieu à l'arc, mit la peste parmi les Achéens. Pendant neuf jours, ils moururent par centaines, et le dixième, Achille aux pieds rapides convoqua l'assemblée. Le devin[2] Calchas expliqua qu'il fallait apaiser la colère du dieu : rendre Chryséis immédiatement et sans rançon ! Mais Agamemnon s'irrita :

« Prophète de malheur, tu n'annonces jamais rien d'agréable ! Et voilà que tout est ma faute ! Je préférais garder cette fille : je l'aime mieux que Clytemnestre, mon épouse légitime ! Mais je veux bien la rendre, pour sauver l'armée… à condition que, sur

1. Offense, *n. f.* : parole ou acte blessant pour quelqu'un.

2. Devin, *n. m.* : homme qui se prétend ou que l'on croit capable de prédire l'avenir ou d'interpréter les présages.

le butin[1], vous me donniez une autre part d'honneur ! »

Alors, le divin Achille aux pieds infatigables répondit :

« Illustre fils d'Atrée, le plus avare des hommes, comment veux-tu que nous fassions ? Tout le butin a déjà été partagé ! Attends que nous ayons pris Troie. Alors, sur le pillage[2], tu recevras une part triple ou quadruple, en compensation !

Les Troyens ne m'avaient rien fait, à moi !

– Ainsi, tous garderaient leur part, sauf moi ? Crois-tu que je vais me laisser faire ?

– Rapace ! Comment veux-tu qu'on obéisse de bon cœur à un tel général ? Pourtant, c'est pour vous, les Atrides, ton frère Ménélas et toi, face de chien, que je me bats ! Les Troyens ne m'avaient rien fait, à moi ! Et, au

1. Butin, *n. m.* : tout ce dont on s'empare quand on est vainqueur : captives, trésors, troupeaux, récoltes. Le chef en fait le partage entre les guerriers. Les princes reçoivent, en plus « une part d'honneur ».

2. Pillage, *n. m.* : la conclusion normale d'une victoire, dans les temps anciens ; dans une ville ou un territoire conquis, les vainqueurs s'emparent de tout ce qu'ils peuvent emporter.

combat, c'est moi qui fais l'essentiel, mais, au partage, la plus grande part du butin est pour toi !... Puisque tu n'as aucun respect pour moi, je ferais mieux de repartir pour la Phthie, plutôt que de rester ici, à amasser des richesses pour ton compte !

– Eh, va-t'en donc, si tu en as envie !... Mais écoute bien : puisque Apollon m'oblige à rendre Chryséis, et puisque tu m'insultes, en compensation, c'est ta captive à toi que j'enverrai chercher dans ta baraque : Briséis ! »

C'est ainsi qu'il parla. Et le chagrin saisit Achille. Son cœur hésitait : tirer son glaive aigu et tuer l'Atride, ou bien maîtriser sa colère ?... Il tirait l'épée[1], quand la déesse Athéna descendit du ciel, visible pour lui seul :

« Calme-toi ! C'est Héra qui m'envoie, car elle vous aime également tous les deux. Lui, contente-toi de l'injurier ! Un jour, il t'offrira

---

1. Épée, *n. f.* : arme offensive de poing pour le corps à corps, l'épée antique a une lame large et assez courte, à double tranchant.

de splendides présents pour réparer cet affront. »

Achille choisit d'obéir aux deux déesses : « Sac à vin !... Œil de chien !... Cœur de cerf !... Roi mangeur de ton peuple ! Un jour les Achéens regretteront Achille, quand ils tomberont par centaines sous les coups d'Hector, le tueur d'hommes ! Et toi, tu regretteras de m'avoir manqué d'égards ! »

Le sage Nestor, roi de Pylos, et le plus âgé des rois de l'armée, tenta en vain de les calmer...

Ulysse s'embarqua pour ramener Chryséis à son père, et Agamemnon envoya ses hérauts[1] chercher Briséis chez Achille. La femme ne les suivit qu'à regret : et Achille, brusquement, se mettant à pleurer, s'en alla s'asseoir seul au bord de la mer blanchissante,

1. Héraut, *n. m.* : crieur public, mais aussi, plus largement, une sorte d'aide de camp. Ce sont des hérauts (un de chaque camp) qui arbitrent quand sont organisés des combats singuliers.

les yeux perdus vers le large couleur de vin. Il implora sa mère, la déesse marine Thétis :

« Mère, tu m'as mis au monde pour une vie si courte !… Zeus Olympien, l'orageux, devrait au moins me donner la gloire ! Or il m'abandonne aux affronts d'Agamemnon !… »

Sa digne mère l'entendit. Du fond de la mer, elle monta auprès de lui, comme une vapeur. Alors, il lui fit cette prière :

« Obtiens de Zeus qu'il favorise les Troyens, tant que je me tiendrai, moi, à l'écart des combats.

– Ô mon enfant, j'irai, sur l'Olympe enneigé, porter ta plainte à Zeus tonnant[1]. Toi, garde ta colère, et abstiens-toi de combattre. Pour l'instant, Zeus est parti du côté de l'Océan banqueter[2] chez les Éthiopiens, et tous les dieux avec lui. Dès son retour, j'irai embrasser ses genoux… Je crois pouvoir le convaincre. »

1. Tonnant, *adj.* : épithète de Zeus, car il manie le tonnerre et la foudre.

2. Banqueter : participer à un banquet, un festin.

Ulysse s'embarqua pour ramener Chryséis à son père...

Cependant, Ulysse rendait sa fille au vieux Chrysès et offrait un sacrifice[1] à Apollon. Le dieu, satisfait, fit grâce aux Achéens en mettant fin à la peste.

À la douzième aurore, quand les dieux qui existent pour toujours s'en revinrent ensemble, Zeus en tête, Thétis monta de la mer vers le ciel immense et l'Olympe. Elle s'adressa ainsi au seigneur Zeus, fils de Cronos :

« Zeus père, si un jour je t'ai rendu service, honore mon fils, dont la mort doit venir si vite ! Donne la victoire aux Troyens, afin que les Achéens lui rendent hommage et reconnaissent sa gloire. »

Mais Zeus, l'assembleur des nuages, ne répondait rien. Il resta longtemps muet, et Thétis le suppliait[2] en tenant ses genoux :

---

1. Sacrifice, *n. m.* : cérémonie religieuse, par laquelle on consacre des offrandes à une divinité.

2. Supplier : venir en suppliant demander quelque chose à quelqu'un, c'est se placer sous la protection des dieux, en particulier de Zeus Suppliant (voir l'article « Suppliant » dans le petit dictionnaire).

« Donne-moi ta parole, et incline la tête vers moi, ou bien refuse… alors je saurai que je passe après tous les autres et que je suis la déesse la plus méprisée. »

Gravement ennuyé, l'assembleur des nuages, Zeus, répondit :

« C'est une vilaine affaire !… et qui va me mettre en conflit avec Héra. Même sans cela, elle me cherche toujours querelle et m'accuse d'aider les Troyens dans la bataille !… Va-t'en vite, qu'elle ne te voie pas ! Je ferai ce que tu demandes. »

Et, en gage de sa parole, il fronça ses sourcils d'un bleu sombre et profond. Le vaste Olympe en fut secoué.

Zeus rejoignit les autres dieux et s'assit sur son trône. Mais Héra avait tout deviné. Elle se mit à lui adresser de violents reproches. Alors le père des hommes et des dieux lui répondit :

« Héra, n'espère pas connaître toutes mes pensées ! Ce serait redoutable pour toi, bien que tu sois mon épouse ! Celles que je veux

Il faut chercher à plaire à Zeus...

révéler, ni dieu ni homme n'en saura rien avant toi… Mais si je veux méditer seul, pas de questions !

– Terrible fils de Cronos, je ne pose pas de questions, mais Thétis est venue te trouver, à l'aube, et je crains qu'elle ait obtenu de toi d'immoler[1] en masse les Achéens près de leurs vaisseaux.

– Tu es incroyable ! Rien ne t'échappe ! Mais prends garde : si ce que tu dis est vrai, ce doit être mon bon plaisir ! Aussi, assieds-toi et obéis ! Cela te coûtera cher si je lève la main sur toi ! »

Il dit ; et la vénérable Héra aux yeux de génisse[2] prit peur et s'assit, refrénant sa colère.

Alors, Héphaïstos prit la parole pour calmer sa mère :

« Mauvaise affaire, si vous vous querellez

---

1. Immoler : 1. tuer, faire massacrer. - 2. sacrifier pour une divinité.

2. Génisse, *n. f.* : jeune vache qui n'a pas encore eu de veau.

pour des mortels[1] !… Cela va nous gâcher le festin ! Il faut chercher à plaire à Zeus, car il est, de beaucoup, le plus fort ! »

... car il est de beaucoup le plus fort.

Disant ces mots, il versa à boire à sa mère :

« Souffre en silence, mère, que je ne te voie pas, toi que j'aime, recevoir des coups ! Car l'Olympien est un redoutable adversaire. La dernière fois que j'ai voulu te défendre, il m'a pris par un pied et m'a jeté au loin : je mis tout un jour à tomber, pour atterrir à Lemnos, à moitié mort… »

À ces mots, la déesse aux bras blancs, Héra, sourit. Lui, il se mit à servir à tous le délicieux nectar[2]. Et soudain, à voir ainsi le dieu boiteux s'agiter par toute la salle, de tous côtés jaillit le rire inextinguible[3] des dieux bienheureux.

---

1. Mortel, *adj.* et *n. m.* : être humain, par opposition aux dieux immortels.

2. Nectar : boisson des dieux.

3. Inextinguible, *adj.* : qui ne peut pas s'éteindre. Le rire inextinguible des dieux est le symbole de leur éternel bonheur, par opposition à la destinée humaine.

Le songe prit l'apparence de Nestor.

LE SONGE D'AGAMEMNON 2

LA nuit venue, les dieux et les hommes dormaient. Seul Zeus méditait. Il envoya à l'Atride Agamemnon un songe[1] funeste[2] pour le tromper. Le Songe prit l'apparence de Nestor, le plus sage des Achéens :

« Un homme à qui tant de peuples sont confiés ne doit pas dormir toute la nuit ! Zeus m'envoie : appelle aux armes les Achéens chevelus. L'heure est venue, les dieux sont d'accord : tu vas prendre la cité aux larges rues des Troyens ! »

Et Agamemnon le crut, l'insensé !

---

1. Songe, *n. m.* : rêve auquel on attribue la propriété d'annoncer l'avenir, ou de porter un message de la part d'un dieu. Mais il peut être véridique ou mensonger.

2. Funeste, *adj.* : qui provoque le malheur ; du latin *funus*, bûcher, funérailles.

S'habillant, il ordonna à ses hérauts de convoquer l'assemblée. Lui-même, il réunit d'abord le conseil des rois :

« Amis, guides et chefs des Argiens, nous allons appeler aux armes les Achéens ! Mais, pour les éprouver[1], je proposerai d'abord de fuir sur les vaisseaux bien équipés... À chacun de vous de leur parler pour les retenir ! »

Déjà, les hommes accouraient à l'assemblée. Comme on voit des abeilles, en essaims compacts, sortir d'un trou de rocher puis voltiger çà et là sur les fleurs du printemps, ainsi, sortant des vaisseaux et des baraques, des foules se dirigeaient vers l'assemblée. Neuf hérauts s'employaient à les faire asseoir en silence : qu'ils écoutent les rois élevés par Zeus ! Le puissant prince Agamemnon prit la parole, sceptre[2] en main :

---

1. Éprouver, *v. tr.* : mettre à l'épreuve, à l'essai.

2. Sceptre, *n. m.* : bâton de commandement. Il indique, dans une assemblée, celui qui a, officiellement, la parole ; celui dont c'est le tour le reçoit des mains du héraut.

« Mes amis, serviteurs d'Arès, Zeus m'a trompé : il m'avait promis la destruction d'Ilion aux bonnes murailles ! Ce n'est plus son bon plaisir... Ce sera une honte de renoncer, alors que nous sommes tellement plus nombreux que les Troyens... Mais voilà neuf ans que nous sommes là, et il est trop tard ! Nos femmes et nos enfants nous attendent ! Fuyons vers notre patrie ! Nous ne prendrons plus Troie aux larges rues... »

Aussitôt, les voilà tous – ceux qui n'avaient pas assisté au conseil des rois – qui se lèvent à grands cris et courent vers les vaisseaux, dans un nuage de poussière. Ils commencent à les tirer vers la mer divine ! Ils seraient partis si Héra n'avait envoyé Athéna auprès d'Ulysse. Lui, n'avait pas touché à son vaisseau.

« Divin fils de Laërte, subtil[1] Ulysse, allez-vous fuir, abandonnant à Priam et aux Troyens Hélène l'Argienne, pour qui tant

1. Subtil, *adj.* : intelligent, fin et rusé.

d'Achéens sont morts loin de leur patrie ? Va les retenir ! Ne les laisse pas tirer les vaisseaux à la mer ! »

Un roi ou un héros, il lui parlait doucement...

Ulysse reconnut la voix de la déesse. Il courut à Agamemnon et reçut de lui le sceptre, pour aller remettre de l'ordre. Un roi ou un héros, il lui parlait doucement :

« Reste et retiens les autres... Tu ne connais pas encore la vraie pensée de l'Atride. Il met à l'épreuve les Achéens, mais bientôt... gare à sa colère ! »

En revanche, un homme du peuple qu'il prenait à crier, il le frappait avec le sceptre et le rudoyait[1]:

« Rassieds-toi et tais-toi ! Tu n'es qu'un lâche et tu comptes pour rien ! Ce n'est pas toi qui vas commander ! »

Une fois l'ordre rétabli et l'assemblée de nouveau réunie, devant tous il prit la parole :

1. Rudoyer, *v. tr.* : rudoyer quelqu'un : lui parler ou le traiter avec rudesse, sans ménagements.

« Certes la tâche est rude ! On peut se sentir à bout et vouloir s'en aller. Le navigateur qui reste un mois, déjà, loin de sa femme, s'irrite auprès de son vaisseau que retiennent les vents d'hiver et la mer agitée. Or nous, voilà neuf ans bientôt que nous sommes là !... Je ne puis en vouloir aux Achéens de s'irriter. Mais nous avons reçu des présages[1] de Zeus, avant notre départ ! Rappelez-vous ! Lors d'un sacrifice, un serpent sortit de sous l'autel, monta dans un platane et y dévora huit petits oiseaux et leur mère ! Selon le devin Calchas, cela nous annonçait une année de guerre par oiseau : neuf ans !... et la dixième année, nous prendrions la ville aux larges rues ! Il n'y en a plus pour longtemps !... Il faut rester ! »

En revanche, un homme du peuple, il le frappait avec le sceptre.

Tous alors l'acclamèrent et l'on se prépara pour la bataille. Ils prirent un repas, et chacun sacrifia à l'un des dieux nés pour toujours. Le

1. Présage, *n. m.* : événement quelconque, auquel on attribue la valeur d'un signe magique indiquant qu'une entreprise va bien ou mal tourner.

seigneur des hommes, Agamemnon, invita les Anciens, les meilleurs de tous les Achéens : Nestor, Idoménée, les deux Ajax, Diomède, Ulysse et Ménélas, son propre frère. Il offrit en sacrifice un bœuf gras de cinq ans au tout-puissant fils de Cronos :

« Zeus très glorieux, très grand, accorde-moi de prendre Troie aujourd'hui même, après avoir fait mordre la poussière à Hector et à ses compagnons ! »

Mais Zeus ne voulait pas exaucer sa prière. Athéna, cependant, mettait partout la force au cœur des hommes, si bien qu'ils trouvaient la guerre plus douce que le retour au pays.

À Troie, Iris, messagère de Zeus, prenant les traits d'un des fils de Priam, qui faisait le guet dans la plaine, vint interrompre l'assemblée, devant le palais :

« Vieillard[1], tu prends toujours plaisir aux paroles sans fin, comme en temps de paix !

---

1. Vieillard : Priam, roi des Troyens.

Mais la guerre s'avance contre nous : jamais je n'ai vu une armée si forte ni si belle !... Hector, nombreux sont les alliés de Troie, et ils parlent tous des langues différentes !... Que leurs chefs respectifs les rangent en bataille ! »

Hector, aussitôt, fit lever la séance. Tous coururent aux armes. Toutes portes[1] ouvertes, l'armée sortit de la cité, et les Troyens et leurs alliés se déployèrent face aux Achéens.

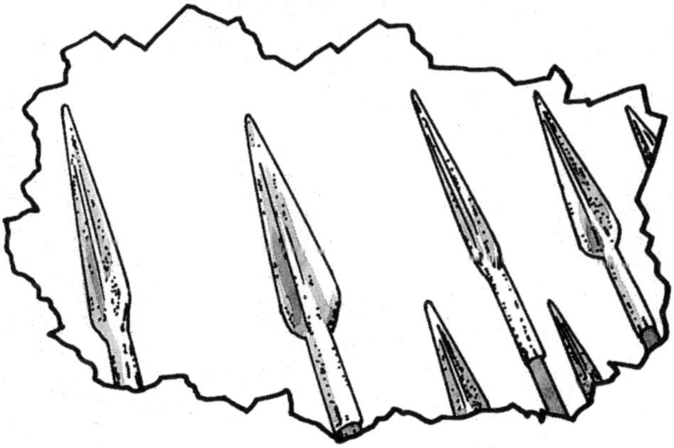

1. Porte, *n. f.* : il est question dans l'*Iliade* des portes monumentales ménagées dans les remparts de Troie. Les plus fréquemment citées sont les « portes Scées ».

*Ménélas
se réjouit
comme un
lion affamé...*

LE PACTE 3

Les deux armées entraient en contact. Le divin Pâris, vêtu d'une peau de panthère et portant toutes ses armes, sortit des rangs troyens pour défier les meilleurs des Argiens. Dès que Ménélas, ami d'Arès, l'aperçut, il se réjouit comme un lion affamé qui trouve un cerf ou une chèvre. Il sauta aussitôt de son char.

Pâris en fut frappé d'effroi et il se replia parmi les siens pour se dérober à la mort. Hector se mit à l'injurier :

« Maudit Pâris ! Coureur de femmes ! Il aurait mieux valu que tu meures plutôt que d'aller au loin en enlever une qui était déjà mariée dans une famille de guerriers, pour le malheur de ta patrie !… Alors, tu ne peux pas affronter Ménélas, dont tu détiens l'épouse ? Ah, les Troyens auraient bien dû te couvrir d'une tunique[1] de cailloux, pour tout le mal que tu as fait !

– Hector, ton cœur à toi est toujours solide comme une hache ! Eh bien, fais asseoir tout le monde ! Ménélas et moi nous nous battrons, pour Hélène et tous ses trésors. Que celui qui gagnera emporte les trésors et la femme ! Et vous ferez la paix… »

À ces mots, Hector se réjouit. S'avançant au-devant des Achéens, il proposa le combat singulier. Ménélas au puissant cri de guerre approuva, et l'espoir se leva chez tous que la guerre allait prendre fin. Achéens et Troyens échangèrent des serments solennels et, ensemble, firent un sacrifice aux dieux pour sceller leur pacte. Mais le fils de Cronos ne voulait pas les exaucer.

Hélène, cependant, était montée sur les remparts de Troie, car elle avait dans le cœur le doux désir de son premier époux, de sa

1. Tunique, *n. f.* : vêtement léger, couvrant le corps des épaules jusqu'à mi-cuisse, et qui se portait sous la cuirasse.

patrie, de ses parents. Or Priam et les nobles vieillards de Troie étaient assis là, au-dessus des portes Scées. Pour la guerre, ils étaient trop vieux, mais pour discourir, ils ne craignaient personne ! On aurait dit des cigales, dans un bois, sur un arbre, lançant leur voix prenante comme l'odeur des lis. Et, en voyant Hélène, ils se disaient entre eux :

Dans la plaine, on mesurait le champ pour le combat.

« Il n'y a rien à redire à ce que Troyens et Achéens aux bonnes jambières[1] supportent tant de maux, si longtemps, pour une telle femme ! Elle a terriblement l'air d'une déesse immortelle ! Mais, tout de même… il vaudrait mieux qu'elle parte. »

Dans la plaine, on mesurait le champ pour le combat. On tira au sort celui qui lancerait le premier son javelot[2]. Ce fut Pâris, mais le

---

1. Jambière, *n. f.* : pièce d'armement défensif : morceau de cuir ou de métal, couvrant principalement le devant de la jambe, du genou au cou-de-pied.

2. Javelot, *n. m.* : arme légère, à lancer à la main, faite d'une hampe de bois, renforcée d'un côté d'une pointe offensive, et, de l'autre, d'une ferrure permettant de la planter en terre.

javelot, heurtant le bouclier de Ménélas, ne le perça pas. Ménélas s'élança en priant Zeus. Son javelot traversa le bouclier de Pâris, enfonça la cuirasse[1], déchira la tunique le long du flanc[2], mais Pâris, en se courbant, évita la mort. L'Atride, alors, tirant son épée, frappa le cimier[3] du casque. L'épée se brisa net et l'Atride gémit, les yeux levés au ciel :

« Zeus père, il n'y a pas de dieu plus détestable que toi ! »

D'un bond, il saisit Pâris par le panache de son casque et le traîna vers les rangs achéens : la jugulaire[4] l'étranglait. Mais la déesse Aphrodite rompit la courroie : il

---

1. Cuirasse, *n. f.* : vêtement renforcé de cuir ou de métal, ou entièrement constitué de métal, ayant pour fonction de protéger le thorax (voir l'article « Cuirasse » du petit dictionnaire).

2. Flanc, *n. m.* : côté d'un corps ou d'une troupe.

3. Cimier, *n. m.* : élément décoratif qui orne le sommet d'un casque. Sa fonction est à la fois de renforcer, d'orner et de servir d'emblème, et, si possible, d'effrayer l'ennemi ; souvent, il s'agit d'un panache, par exemple de crins de cheval.

4. Jugulaire, *n. f.* : courroie qui, en passant sous le menton, maintient en place le casque.

n'avait plus qu'un casque vide à la main. Il le lança derrière lui et se jeta sur Pâris, un javelot en main, pour le tuer. Mais Aphrodite le lui cacha derrière une épaisse nuée et le transporta à Troie, dans sa chambre parfumée. Puis elle alla chercher Hélène, sur les remparts, pour lui ordonner, malgré ses protestations, de le rejoindre. Ménélas allait et venait comme un fauve à travers la foule, cherchant Pâris. Et certes, aucun Troyen n'aurait voulu le cacher : tous, ils le détestaient comme la mort noire ! Alors, Agamemnon, proclamant la victoire de Ménélas, réclama l'exécution des accords.

On tenait conseil chez les dieux. Hébé leur versait le nectar ; ils buvaient à la santé les uns des autres dans des coupes d'or en regardant la cité des Troyens. Zeus dit :

« Puisque la victoire est à Ménélas, allons-nous relancer la guerre et la mêlée affreuse, ou mettre entre eux l'amitié ? Si nous étions tous d'accord, la cité du seigneur Priam continuerait d'être habitée et Ménélas ramènerait Hélène l'Argienne. »

Athéna et Héra murmuraient. Héra ne put se contenir :

Moi aussi je suis déesse...

« Terrible fils de Cronos, que dis-tu là ? Sauver Troie ?... Comme tu voudras... Mais nous ne sommes pas tous d'accord ! »

Zeus s'irrita violemment :

« Malheureuse ! Que t'ont donc fait Priam et les fils de Priam, que tu t'acharnes ainsi ? Moi, aucune ville sous le soleil et le ciel étoilé ne m'est plus chère que la puissante Ilion, et Priam, et le peuple de Priam ! »

La sainte Héra aux yeux de génisse lui répondit :

« À moi, trois villes me sont chères : Argos, Sparte et la vaste Mycènes. Détruis-les, quand tu les haïras !... Mais moi aussi je suis déesse, et quand je prends la peine de faire quelque chose, il ne faut pas que ce soit pour rien ! Cédons-nous l'un à l'autre, moi à toi et toi à moi : les autres dieux immortels suivront... »

Zeus, alors, envoya Athéna faire en sorte que les Troyens rompent le pacte et les serments. Sous l'apparence d'un Troyen, elle alla trouver Pandaros, l'illustre archer lycien : qu'il tire une flèche sur Ménélas, quelle gloire !... L'insensé la crut, et il blessa Ménélas au bas-ventre. À cette trahison, aussitôt, la bataille reprit. Quand le médecin Machaon eut soigné Ménélas, Agamemnon passa les troupes en revue pour relancer leur ardeur. Bientôt, Troyens, que soutenait Arès, et Achéens, encouragés par Athéna, furent aux prises. Un tumulte immense s'éleva, on entendait tout à la fois des cris de triomphe et des hurlements : les uns tuaient, les autres étaient tués ; la terre ruisselait de sang. Et un nombre immense de Troyens et d'Achéens gisaient dans leur sang les uns près des autres, le front dans la poussière.

Blessée,
Aphrodite
s'enfuit.

DIOMÈDE 4

À ce moment, c'est à Diomède, fils de Tydée, que Pallas Athéna donna surtout la vaillance et la force parmi les Argiens : il courait à travers la plaine, comme un fleuve en crue qui renverse tout, quand la pluie de Zeus se déverse. Pandaros et le glorieux Énée, fils d'Anchise et de la déesse Aphrodite, essayèrent de l'arrêter. Mais Diomède, blessé, fut secouru par Athéna. Il tua Pandaros, et il avait blessé Énée, quand Aphrodite vint au secours de son fils. Et Diomède frappa la déesse de l'amour. Blessée, elle s'enfuit. Diomède s'élança pour tuer Énée. Il voyait bien qu'Apollon étendait son bras sur lui pour le protéger, mais il ne respectait même plus un grand dieu ! Apollon le repoussa durement et d'une voix terrible :

« Réfléchis, fils de Tydée, et fléchis[1] devant les dieux ! N'essaie pas d'égaler ta volonté à la leur, car il y aura toujours une différence de nature entre les dieux immortels et les humains qui passent sur la terre. »

Diomède se replia loin en arrière pour éviter la colère de l'archer Apollon. Le dieu déposa Énée à Troie, dans son propre sanctuaire, où la déesse Artémis prit soin de lui et lui rendit sa force.

La terrible mêlée continuait. Les Troyens fléchissaient. Alors, sur les conseils de son frère Hélénos, le plus illustre des devins, Hector alla encourager ses hommes, les arrêter devant les portes de la ville avant qu'ils ne cèdent à la panique et n'aillent se jeter dans les bras de leurs femmes, sous les rires de l'ennemi !… Puis il rentra dans la cité pour demander à Hécube, sa mère, d'offrir un sacrifice à Athéna.

1. Fléchir : plier.

Glaucos, l'enfant d'Hippoloque, et le fils de Tydée s'avancèrent à la rencontre l'un de l'autre pour se battre, et Diomède s'écria :

« Qui es-tu donc, toi ? Tu es un brave, d'avoir osé rester en face de ma javeline[1] ! Si tu es un immortel venu du ciel ici-bas, moi je ne veux pas me battre contre les dieux du ciel ! Mais si tu es l'un des mortels qui mangent le fruit des labours, approche, pour arriver plus vite à ta perte ! »

Alors le brillant fils d'Hippoloque lui répondit :

« Fils de Tydée, toi qui as si grand cœur, à quoi bon me demander mon origine ? Elles sont comme les générations de feuilles, les générations d'hommes ! Les feuilles, le vent répand les unes à terre, et la forêt vivace en fait naître d'autres, c'est la beauté du printemps ! C'est pareil pour les générations d'hommes : il y en a une qui naît, l'autre arrive à sa fin.

1. Javeline, *n. f.* : synonyme, ici, de javelot.

« Mais, si tu veux savoir, autrefois vivait en Argolide un petit-fils de Sisyphe, Bellérophon, fils de Glaucos. La femme du roi Proïtos fut prise de la folie de vouloir en secret s'unir d'amour avec lui ; et, comme il refusait, elle alla trouver Proïtos et mentit : "Ah, que tu meures, Proïtos, si tu ne tues pas Bellérophon, qui voulait s'unir d'amour avec moi ! Moi, je n'ai pas voulu." Et la colère prit le roi, mais il évita de le tuer.

« Il envoya Bellérophon chez son beau-père, le roi de Lycie, en le chargeant de lui remettre des tablettes[1] scellées, où il était écrit qu'il fallait le faire mourir. Le beau-père de Proïtos demanda donc à Bellérophon d'aller combattre la chimère, un monstre de race divine : devant, c'était un lion, derrière, un serpent, au milieu, une chèvre, et elle crachait le feu ! Mais Bellérophon fut vainqueur.

---

1. Tablettes, *n. f.* : tablettes de bois enduites de cire, dans laquelle on gravait les lettres à l'aide d'un stylet métallique (voir l'article « Tablettes » du petit dictionnaire).

Bellérophon combattit la chimère, un monstre de race divine...

Après quoi, il battit aussi les Solymes, et puis les Amazones... À son retour, le roi posta des guerriers en embuscade pour le tuer. Pas un seul ne rentra chez lui : tous, l'irréprochable Bellérophon les massacra. Alors, le roi de Lycie comprit qu'il était sous la protection d'un dieu, et il lui donna sa fille en mariage et la moitié de son royaume. Je suis son petit-fils. Voilà ma race et mon sang, j'en suis fier ! »

À ces mots, Diomède se réjouit. Il planta son javelot dans la terre nourricière et dit :

« C'est sûr, tu es pour moi un hôte[1] héréditaire, de longue date ! Car Oïneus, mon grand-père, a reçu autrefois Bellérophon chez lui, et ils ont échangé de beaux cadeaux ! Ainsi, je suis ton hôte en Argolide, et, si j'y allais un jour, tu es le mien en Lycie. Évitons la javeline l'un de l'autre, même dans la

1. Hôte, *n. m.* : il désigne, dans une relation d'hospitalité, aussi bien celui qui reçoit l'autre que celui qui est reçu (voir l'article « Hospitalité » dans le petit dictionnaire).

mêlée ! J'en ai bien d'autres à tuer chez les Troyens et leurs alliés, et toi chez les Achéens. Échangeons nos armes, pour que tout le monde sache, ici, que nous sommes fiers d'être des hôtes héréditaires ! »

Ayant ainsi parlé, tous les deux sautent à terre et, se serrant la main, ils se jurent amitié. Mais c'est alors que Zeus, fils de Cronos, fit perdre la raison à Glaucos, car, dans l'échange, il donna à Diomède des armes d'or contre des armes de bronze : cent bœufs[1] contre neuf !

---

1. Bœuf, *n. m.* : unité de compte pour mesurer la valeur des choses : une armure de bronze vaut neuf bœufs, une captive quatre.

« Athéna majestueuse, brise la lance de Diomède ! »

LES ADIEUX D'HECTOR ET D'ANDROMAQUE 5

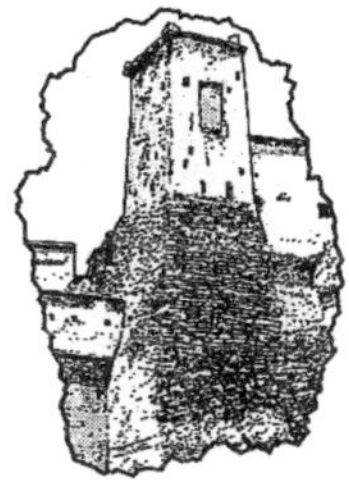

HÉCUBE s'était rendue avec les anciennes au temple d'Athéna, pour y déposer en offrande sur les genoux de la déesse un voile à mille broderies, le plus beau, le plus grand :

« Athéna majestueuse, brise la lance de Diomède ! Qu'il tombe, le front dans la poussière, devant les portes Scées ! Nous t'immolerons douze génisses, si tu as pitié de la ville, des épouses des Troyens et des petits enfants... »

Elle priait ainsi, mais Pallas Athéna ne voulait pas.

Hector au casque étincelant passa par sa demeure, mais il n'y trouva pas son épouse, Andromaque aux bras blancs. Et il allait quitter de nouveau la ville par les portes Scées, quand il vit venir à sa rencontre l'épouse[1] qu'il avait payée de si riches présents. Derrière elle, une servante portait contre son sein leur enfant. Les gens l'appelaient Astyanax, parce que son père était le défenseur de la cité. Hector sourit en silence en regardant son fils. Andromaque, en pleurs, vint à lui et prit sa main :

« Malheureux, n'as-tu pas pitié de ton fils tout petit, ni de moi, qui serai bientôt veuve ? Car les Achéens vont te tuer en se jetant tous sur toi. Et si je ne t'ai plus, j'aimerais mieux descendre sous la terre. Déjà, je n'ai plus mon père ni ma digne mère ; mes sept frères, Achille les a tués ! Hector, tu es pour moi un père, une digne mère, un frère, et tu es mon jeune époux… Reste avec l'armée, près du figuier sauvage : vous y attendrez l'attaque, à proximité des murs… »

Le grand Hector au casque étincelant répondit :

---

1. Épouse, *n. f.* : le mot peut désigner aussi bien une captive.

« Moi aussi, je pense à tout cela, femme. Mais j'aurais honte devant les Troyens et Troyennes aux tuniques traînantes si je restais à l'écart de la guerre. De plus, je n'en ai pas envie : j'ai appris à être brave et à me battre au premier rang des Troyens, pour la plus grande gloire de mon père, et la mienne ! Je sais bien qu'un jour viendra où la puissante Ilion périra, et Priam, et le peuple de Priam… Pourtant, leur malheur, même celui d'Hécube, de Priam ou de mes frères, m'afflige moins que le tien, quand tu seras captive et qu'on dira en te voyant pleurer : “ C'était la femme d'Hector, qui était le meilleur des Troyens dompteurs de chevaux, du temps où l'on se battait pour Ilion ! ” Ah, que je sois mort, caché sous la terre tassée, avant d'entendre tes cris et de te savoir prise ! »

La puissante Ilion périra, et Priam, et le peuple de Priam…

Il tendit les bras à son enfant, mais l'enfant se rejeta en criant sur le sein de sa nourrice à la belle ceinture, effrayé par le bronze et le panache mouvant en haut du casque. Son père et sa mère éclatèrent de rire. Aussitôt, enlevant son casque, l'illustre Hector le posa à terre, tout brillant. Il prit son fils dans ses bras, l'embrassa, le berça en priant :

« Zeus, et les autres dieux, faites qu'un jour on dise de lui : "Il est encore meilleur que son père !", quand il rentrera du combat, rapportant les armes sanglantes d'un ennemi tué. Et que le cœur de sa mère en soit réjoui ! »

Il mit l'enfant dans les bras de son épouse ; elle le prit contre son sein parfumé, en souriant à travers ses larmes. Hector, pris de pitié, la caressa tendrement et lui dit :

« Ne te fais pas un tel chagrin : personne ne m'enverra chez Hadès contre la volonté des dieux ! Et nul homme n'a jamais échappé à son destin, dès lors qu'il était né… »

Il ramassa son casque, tandis qu'Andromaque rentrait chez elle, regardant en arrière et pleurant. Et ses servantes et elle pleurèrent dans sa maison Hector encore vivant, car elles ne croyaient plus qu'il reviendrait de la guerre, échappant aux Achéens.

Les hérauts s'interposèrent entre Ajax et Hector.

LA VOLONTÉ DE ZEUS 6

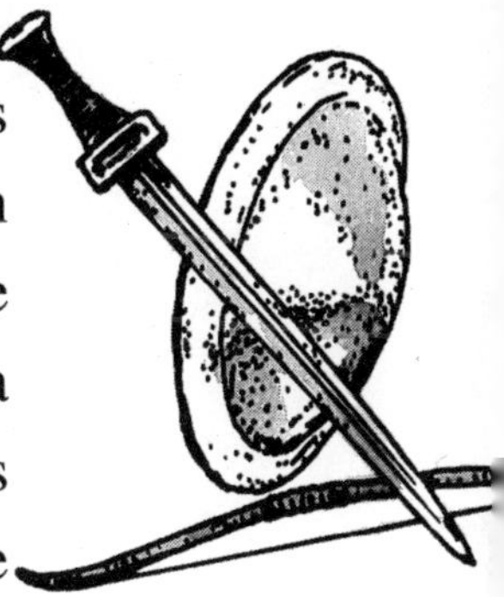

LE retour au combat d'Hector et de Pâris ranima l'ardeur des Troyens. Mais Apollon et Athéna s'entendirent pour suspendre le carnage. Sous leur inspiration, Hector lança un défi au meilleur, quel qu'il soit, parmi les Achéens. Tous se taisaient, ayant honte de refuser, et peur d'accepter... Sous les reproches de Nestor, à la fin, il s'en leva neuf, et le tirage au sort désigna Ajax, fils de Télamon. Hector et lui engagèrent le duel ; mais Zeus tenait la balance égale. Les hérauts, Talthybios l'Achéen et Idaïos le Troyen, s'interposèrent :

« Enfants, arrêtez le combat ! Vous êtes tous les deux aimés de Zeus, l'assembleur des nuages, et tous deux des guerriers, nous le savons tous ! Mais la nuit est déjà noire, et il est bon de céder à la nuit… »

Ajax et Hector échangèrent des cadeaux et les armées se retirèrent.

À la fin du banquet du roi, devant la baraque d'Agamemnon, le sage Nestor prit la parole. Il fallait arrêter le combat pour ramasser les morts, les brûler et les enterrer sous un tertre[1] ; puis, appuyé au tertre, élever un mur percé de portes pour protéger le camp et les vaisseaux. En avant du mur, ils creuseraient un fossé profond, pour arrêter les chars et les guerriers. Tous approuvèrent.

Cependant, les Troyens aussi tenaient une assemblée dans la citadelle[2] d'Ilion, et elle

1. Tertre, *n. m.* : petite colline ou amas artificiel de terre, en général au-dessus d'un tombeau. On lui donne également le nom latin de *tumulus*.

2. Citadelle, *n. f.* : ville fortifiée construite sur une hauteur, par opposition aux faubourgs qui se trouvent en contrebas, à l'extérieur des remparts. Par extension, simplement ville fortifiée.

était très agitée. Le sage Anténor proposait de rendre Hélène et tous ses trésors, car les Troyens combattaient désormais en violation des accords : cela ne pouvait rien apporter de bon ! Pâris protesta avec violence : les trésors, oui, la femme, non ! À l'aube du lendemain, le héraut troyen Idaïos se rendit près des vaisseaux :

« Atride, et vous, princes des Panachéens, voici ce que vous propose Pâris, le responsable de cette querelle : les trésors qu'il a rapportés d'Argos – s'il avait pu mourir avant ! –, il veut bien les rendre tous, et même en ajouter des siens… Mais l'épouse légitime du glorieux Ménélas, il affirme qu'il ne la rendra pas, malgré l'insistance des Troyens. »

Et Idaïos proposa en outre une trêve[1] pour brûler les morts. Les Achéens refusèrent les

1. Trêve, *n. f.* : interruption des combats, décidée par les deux camps d'un commun accord, par exemple pour ramasser les morts et les enterrer.

Écoutez-moi tous, dieux et déesses !

propositions de Pâris mais acceptèrent la trêve. Les uns et les autres brûlèrent leurs morts. Les Achéens, de plus, construisirent un rempart, pour leurs vaisseaux et pour eux-mêmes, et, devant, ils creusèrent un profond fossé, large et grand, et ils y plantèrent des pieux.

L'Aurore à la tunique de safran[1] s'étendait sur toute la terre. La trêve était finie. Zeus, qui prend plaisir à la foudre, réunit l'assemblée des dieux, sur la plus haute cime de l'Olympe :

« Écoutez-moi tous, dieux et déesses, et que personne n'essaie d'enfreindre[2] ma parole ! Laissez-moi mener à bien au plus vite cet

---

1. Safran, *n. m.* : plante dont la fleur, séchée, sert à la fabrication d'un condiment du même nom, employé par exemple dans la bouillabaisse, la soupe de poisson et la paella, et qui donne une couleur jaune (voir l'article « Aurore » dans le petit dictionnaire).

2. Enfreindre, *v. tr.* : passer outre. « Enfreindre son serment », c'est ne pas le respecter.

ouvrage. Celui que je verrai porter secours aux Troyens ou aux Danaens, quand je l'aurai frappé, ne rentrera pas brillamment dans l'Olympe !… À moins que, l'attrapant, je ne le jette dans le sombre Tartare, aussi loin au-dessous de l'Hadès que le ciel est au-dessus de la terre, tant je l'emporte sur les dieux comme sur les hommes ! »

Tous restèrent sans voix, stupéfaits, car il avait parlé très durement. Ensuite, il attela à son char deux chevaux au vol rapide, et, s'élançant entre la terre et le ciel, il s'en alla siéger sur les sommets de l'Ida, jouissant de sa gloire, contemplant la ville des Troyens et les vaisseaux des Achéens.

Bientôt les deux armées furent aux prises. Un tumulte immense s'éleva. On entendait tout à la fois des cris de triomphe et des hurlements : les uns tuaient, les autres étaient tués ; la terre ruisselait de sang. Quand le soleil eut franchi le milieu du ciel, le père des dieux déploya sa balance d'or. Il y plaça les

deux déesses de la mort cruelle : celle des Troyens dompteurs de chevaux, et celle des Achéens à la tunique de bronze. Dans la pesée, ce fut le jour fatal[1] des Achéens qui pencha. Alors Zeus, du haut de l'Ida, fit rouler le tonnerre immense, il lança une lueur foudroyante au milieu de l'armée achéenne et, tous, une peur verte les saisit.

Idoménée, Agamemnon, les deux Ajax fuyaient. Le vieux Nestor, l'un des chevaux de son char abattu, allait tomber aux mains d'Hector, quand Diomède l'aperçut. Il appela Ulysse… mais Ulysse fuyait et ne s'arrêta pas ! Diomède alla donc seul prendre Nestor sur son char : Nestor tenant les rênes, et Diomède le javelot. Ils auraient fait des ravages, mais Zeus fit éclater un coup de tonnerre terrible et il lança la foudre juste devant leurs chevaux. Les deux héros durent tourner

1. Fatal, *adj.* : fixé par le destin ; par extension, mortel : le jour fatal est celui de la mort.

bride et fuir à leur tour, sous les huées d'Hector et des Troyens.

Les Achéens s'entassaient pêle-mêle, hommes et chars, à l'abri du mur. Agamemnon les rallia et lança une contre-attaque. L'archer Teucros, frère du grand Ajax, tenta d'abattre de ses flèches Hector. À chaque fois, il le manquait, atteignant un autre Troyen. Comme il venait d'abattre son cocher, Hector lui lança à la tête une pierre aiguë. Ajax vint protéger son frère blessé : deux de ses compagnons l'emportèrent vers les vaisseaux, tandis qu'il couvrait leur retraite[1]. L'affaire avait rendu aux Troyens leur ardeur : repoussant la contre-attaque et tuant toujours les derniers, ils chassèrent de nouveau les Achéens jusque derrière leur mur et leur fossé.

En les voyant, la déesse aux bras blancs, Héra, eut pitié d'eux : elle appela Athéna aux

1. Retraite, *n. f.* : à la guerre, le fait de reculer devant l'ennemi, de se retirer du combat.

N'allons pas, pour des mortels, faire la guerre à Zeus !

yeux brillants. Ni l'une ni l'autre ne pouvait y tenir. Héra fit équiper un char – c'était elle qui menait leur attelage –, Athéna revêtit ses armes de guerre, et toutes deux s'élancèrent. À peine franchissaient-elles les portes de l'Olympe que Zeus les aperçut et entra dans une terrible colère. Il envoya Iris à leur rencontre :

« Le fils de Cronos ne permet pas qu'on aide les Argiens ! Il fracassera votre char ! Pendant dix ans vous ne guérirez pas des blessures de sa foudre... Yeux-Brillants[1], tu t'en souviendras, si tu combats ton père ! »

Iris partie, Héra dit à Athéna :

« N'allons pas, pour des mortels, faire la guerre à Zeus !... »

Elle tourna bride, et les deux déesses retournèrent s'asseoir parmi les dieux, le cœur affligé. Zeus revint dans l'Olympe. Il redit avec violence sa volonté de faire triompher

1. Yeux-Brillants : Athéna.

Hector jusqu'à ce qu'Achille aux pieds rapides se lève de nouveau pour combattre.

La brillante lueur du soleil tomba dans l'Océan, faisant venir la nuit noire sur la terre nourricière. Les Troyens regrettaient la lumière ; mais, pour les Achéens, trois fois bénie était la nuit ténébreuse.

L'illustre Hector fit camper les Troyens dans la plaine. Comme des étoiles au ciel autour de la lune brillante, ils allumèrent des feux innombrables devant Ilion battue des vents. Et les chevaux, près des chars, mangeaient de l'orge et de l'épeautre[1], en attendant l'Aurore.

1. Épeautre, *n. f.* : céréale de la même espèce que le blé, mais de qualité moindre, utilisée pour la nourriture des chevaux.

L'Atride Agamemnon fit appeler les chefs.

L'AMBASSADE AUPRÈS D'ACHILLE

7

TANDIS que les Troyens veillaient, l'envie de fuir, compagne de la terreur glacée, tenait les Achéens. Tous les plus braves étaient frappés d'une douleur insupportable. L'Atride Agamemnon, plein de chagrin, fit appeler les chefs à une assemblée ; il proposa la fuite. Diomède protesta, et Nestor, sagement, conseilla d'apaiser la colère d'Achille. Agamemnon admit qu'il avait mal agi et approuva l'idée d'envoyer à Achille une députation[1]. On désigna Phénix, son ancien précepteur[2], le grand Ajax et Ulysse.

Ils trouvèrent Achille en train de jouer de la

---

1. Députation, *n. f.* : envoi solennel de personnes chargées d'un message pour quelqu'un.

2. Précepteur, *n. m.* : celui qui veille à l'éducation et à la formation d'un enfant.

cithare[1] et de chanter dans sa baraque. Surpris de les voir, il se leva d'un bond pour les saluer. Son ami Patrocle l'imita. Il se tourna vers lui :

« Installe un cratère[2] plus grand, fils de Ménoïtios ! Prépare un vin plus fort et distribue des coupes, car des amis très chers sont chez moi. »

Et, en compagnie de Patrocle, il leur fit griller de la viande. Quand ils eurent chassé la soif et l'appétit, Ulysse, emplissant une coupe, la leva vers Achille :

« À ta santé, Achille ! Les festins ne nous manquent pas, ce n'est pas notre souci. Nous craignons un grand désastre : allons-nous sauver nos vaisseaux, ou seront-ils perdus ?... À moins que tu ne t'armes de ta bravoure !... Hector et les Troyens attendent impatiemment

---

1. Cithare, *n. f.* : instrument à cordes pincées (voir l'article « Cithare » du petit dictionnaire).

2. Cratère, *n. m.* : grand vase à mélanger le vin et l'eau. On faisait, dans l'Antiquité, un vin très épais ; pour le boire, il fallait y mélanger environ deux tiers d'eau, ou moins, selon le goût et le degré d'ivresse que l'on voulait obtenir.

l'Aurore. Ils comptent bien incendier les vaisseaux et massacrer les Achéens. Notre destin sera-t-il de périr en Troade ? Lève-toi et viens écarter des Danaens le malheur !...

Il t'offre de nombreux présents, si tu renonces à ta colère.

« Agamemnon t'offre de nombreux présents, si tu renonces à ta colère : sept femmes habiles au travail, et, avec elles, celle qu'il t'avait enlevée, Briséis. Il prêtera serment qu'il ne s'est jamais uni à elle.

« Ensuite, si les dieux nous accordent de ravager Troie, le jour du partage, tu prendras de l'or et du bronze en abondance et tu choisiras toi-même vingt Troyennes, les plus belles après Hélène l'Argienne.

« Enfin, si nous rentrons un jour en Argos d'Achaïe, tu seras son gendre, l'égal de son fils Oreste. Il a trois filles. Tu emmèneras celle que tu voudras chez ton père, Pélée, sans rien verser : lui, il la dotera[1] comme

1. Doter, *v. tr.* : verser une dot (voir ce mot dans le petit dictionnaire).

Les Atrides sont-ils seuls à aimer leurs femmes ?

jamais personne encore n'a doté sa fille.

« Et il te donnera encore sept villes, qui t'honoreront comme un dieu et te paieront de riches tributs[1]… Voilà ce qu'il est prêt à faire, si tu renonces à ta colère… Mais si le fils d'Atrée, avec ses dons, te devient encore plus odieux, aie pitié, du moins, des Panachéens que la fatigue accable !… Et quelle gloire !… Car tu triompheras d'Hector, qui s'imagine qu'il n'a plus de rival à sa mesure ! »

Achille aux pieds rapides répondit :

« Divin fils de Laërte, subtil Ulysse, il faut que je vous dise la chose une bonne fois… pour que vous ne me haranguiez[2] pas l'un après l'autre. Je déteste comme la mort celui qui a une chose dans le cœur et qui en dit une autre ; je vais donc dire ce qui me paraît le meilleur :

---

1. Tribut, *n. m.* : impôt annuel versé par un prince ou une cité à une autre cité ou à un autre prince plus puissants.

2. Haranguer, *v. tr.* : adresser un discours.

« Agamemnon ne me convaincra pas, et les autres Danaens non plus. Je vois bien que la part est la même pour celui qui reste chez lui et pour celui qui se bat. Cela ne m'a servi à rien de risquer toujours ma vie à combattre. J'ai ravagé et pillé beaucoup de villes, et j'en ai rapporté de grands trésors. Mais je les donnais à Agamemnon, fils d'Atrée ! Lui, restait en arrière, auprès des fins vaisseaux, il en distribuait peu et en gardait beaucoup !

« Aux princes et aux rois, il attribuait, de plus, des parts d'honneur : ils les ont gardées. À moi seul, il a repris la mienne : il tient en son pouvoir la femme qui plaît à mon cœur ! Mais alors, pourquoi faisons-nous la guerre aux Troyens ? Parce qu'on a pris Hélène à l'Atride Ménélas ?... Les Atrides sont-ils seuls à aimer leurs femmes ? Tout homme sage et bon aime la sienne et la protège. Et, moi aussi, celle-là, je l'aimais de tout mon cœur, même captive ! Eh bien, je refuse de me battre !

Demain, après les sacrifices aux dieux, tu verras, si le cœur t'en dit, appareiller[1] mes vaisseaux sur l'Hellespont poissonneux, et, en trois jours, je serai dans la Phthie fertile.

« Je ne veux pas des richesses ni de la fille d'Agamemnon. Je ne la prendrai pas pour femme : qu'il en trouve un autre qui soit plus roi que moi ! Pour moi, il ne manque pas dans mon pays de filles de chefs à épouser, pour profiter ensuite tranquillement des trésors du vieux Pélée… Rien ne vaut la vie ! On ne rappelle pas son âme, on ne la rattrape pas, une fois qu'elle s'est échappée d'entre nos dents ! Ma mère, Thétis, me l'a dit souvent : si je reste à me battre autour de la ville des Troyens, il n'y aura pas pour moi de retour, mais une gloire impérissable. Au contraire, si je rentre chez moi, la noble gloire est perdue, mais une longue vie m'attend…

1. Appareiller, *v. intr.* (terme de navigation) : se dit d'un bateau : manœuvrer pour partir.

« Alors rapportez mon message aux princes des Achéens : qu'ils trouvent autre chose pour sauver leurs vaisseaux et leur armée, car ma colère me tient à l'écart ! Phénix

Je ne reprendrai pas le combat...

peut rester auprès de nous et dormir ici, pour me suivre demain dans notre patrie… s'il veut ! Je ne l'emmènerai pas de force. »

Et le vieux Phénix eut beau prendre la parole pour essayer de fléchir sa colère orgueilleuse, Achille s'obstina dans son refus. Il fit préparer un lit pour Phénix, signifiant ainsi aux autres qu'ils devaient s'en aller. Ajax intervint avec mauvaise humeur :

« On accepte pourtant une compensation pour le meurtre d'un frère, et même pour un enfant mort ! Mais toi, c'est une colère sans fin et méchante que les dieux ont mise dans ton cœur… pour une fille !… une seule !… alors qu'on t'en offre sept ! Tu devrais te montrer plus accueillant et respecter ta demeure, puisque nous sommes sous ton toit au nom du peuple des Danaens et que nous souhaitons être tes plus chers amis, entre tous les Achéens.

– Ajax, divin fils de Télamon, tu as raison, mais mon cœur s'enfle de colère quand je pense aux outrages d'Agamemnon : il m'a traité, devant les Argiens, comme un vulgaire étranger ! Je ne reprendrai pas le combat avant qu'Hector n'arrive aux baraques et ne mette le feu aux vaisseaux ! »

... avant qu'Hector ne mette le feu aux vaisseaux !

Quand Ulysse et Ajax, dans la baraque de l'Atride, rapportèrent les paroles d'Achille, tous restèrent sans voix, stupéfaits, car il avait parlé très durement. Enfin, Diomède au puissant cri de guerre prit la parole :

« Très glorieux Atride, Agamemnon, seigneur des hommes, tu n'aurais pas dû supplier le Péléide ni lui offrir tant de présents : tu as renforcé encore son arrogance. Laissons-le faire comme il voudra ! Nous, maintenant, allons dormir… mais, dès que paraîtra la belle Aurore aux doigts de rose… au combat ! »

Tous approuvèrent et, libations[1] faites, s'en allèrent, chacun dans sa baraque, se coucher et jouir du sommeil.

1. Libation, *n. f.* : offrande aux dieux des premières gouttes d'une coupe de vin ; on les versait à terre en prononçant une prière.

Agamemnon, dévoré d'inquiétude, ne pouvait pas dormir.

EXPÉDITION NOCTURNE

8

AGAMEMNON, dévoré d'inquiétude, ne pouvait pas dormir. S'il se tournait vers la plaine, il était impressionné par les innombrables feux qui brûlaient en avant d'Ilion, par la voix des fifres[1] et des flûtes, par la rumeur[2] des hommes. S'il regardait vers les vaisseaux et l'armée des Achéens, il s'arrachait les cheveux et les vouait à Zeus, en gémissant. N'y tenant plus, il se leva. Or Ménélas était agité des mêmes soucis. Il arriva, tout équipé, chez son frère, tandis que celui-ci revêtait ses armes. Et ils partirent tous

1. Fifre, *n. m.* : petite flûte au son aigu, instrument de musique militaire.

2. Rumeur, *n. f.* : bruit confus provenant de voix indistinctes.

deux, à travers le camp endormi, pour réveiller les rois. Tous ensemble, ils allèrent inspecter la garde. Elle veillait, en armes, en avant du rempart. Les rois franchirent le fossé et tinrent conseil. Ils décidèrent d'envoyer deux d'entre eux en reconnaissance parmi la masse des Troyens pour tâcher de savoir leurs intentions : rester là, près des vaisseaux, ou rentrer dans leur ville. Ulysse et Diomède se chargèrent de cette mission périlleuse.

Après avoir prié Pallas Athéna, ils partirent, pareils à deux lions, dans le noir de la nuit, dans le carnage et les cadavres, dans les armes et le noir du sang.

En chemin, ils surprirent un Troyen, Dolon, qui effectuait, comme eux, une reconnaissance. L'ayant coupé des siens, ils le poursuivirent vers les vaisseaux. Quand il fut leur prisonnier, Ulysse l'interrogea, lui laissant espérer la vie sauve. Dolon leur indiqua les endroits où campaient les alliés des Troyens, en particulier les Thraces et leur roi Rhésos,

Ils partirent, pareils à deux lions, dans le noir de la nuit.

qui avait de si beaux chevaux blancs... Quand il eut tout dit, Diomède, malgré ses supplications, le frappa au cou avec son épée, coupant les deux tendons : il parlait encore que sa tête, déjà, tombait dans la poussière. Ils le dépouillèrent de ses armes et en firent offrande à Athéna : levant le bras, Ulysse les plaça dans les hautes branches d'un tamaris et y noua une poignée de roseaux comme repère, de peur de ne pas les retrouver dans le noir brusque de la nuit, et ils allèrent de l'avant, dans les armes et le noir du sang.

Les Thraces n'avaient pas posté de gardes autour de leur campement. Diomède y tua douze hommes endormis près de leurs chars et le roi, tandis qu'Ulysse écartait les cadavres pour libérer le passage aux chevaux. Ils s'enfuyaient déjà en les emmenant, quand l'alarme fut donnée.

Ils reprirent au passage les dépouilles[1] de

1. Dépouilles, *n. f. pl.* : les armes prises à un ennemi abattu. On en fait souvent un trophée dédié à une divinité.

Dolon, promises à Athéna, et rentrèrent au camp, tout joyeux. S'étant lavés dans la mer, ils prirent un bain dans des cuves polies, et s'assirent pour manger, faisant à Athéna des libations de vin doux comme le miel.

Le sort fut d'abord favorable aux Achéens.

LES TROYENS 9

À L'ASSAUT DU CAMP DES ACHÉENS

DÈS l'aurore, Zeus envoya la terrible Discorde, un emblème[1] de guerre à la main, pousser son cri sur le camp des Achéens. Elle mit une grande force dans leur cœur, si bien qu'ils trouvaient la guerre plus douce que le retour au pays. L'Atride rangea l'armée en avant du fossé. Le sort fut d'abord favorable aux Achéens. Agamemnon accomplit, à leur tête, de grands exploits, repoussant les Troyens à travers la plaine. D'innombrables chevaux, çà et là, heurtaient leurs chars vides, en deuil de leurs conducteurs : ils gisaient sur la terre ; ils étaient les chéris

1. Emblème, *n. m.* : objet symbolique évoquant une chose, une idée, et pouvant servir, pour un peuple ou une armée, de drapeau ou de signe de ralliement : la louve était l'emblème de Rome, le coq celui des Gaulois.

des vautours, bien plus que de leurs épouses.

Zeus protégeait Hector. Iris, descendue des cimes de l'Ida, s'approcha de lui :

Zeus protégeait Hector.

« Zeus père m'envoie te dire ceci : tant que tu verras Agamemnon au combat, cède-lui la place et tiens-toi à l'écart. Mais, dès qu'il aura été blessé, Zeus te mettra en main la force de tuer jusqu'au soir. »

Or, devant les portes Scées, Agamemnon eut le bras transpercé d'un coup de lance. Il ne s'arrêta pas pour autant de se battre et tua son adversaire. Mais le sang chaud coulait de sa blessure et, dès que la plaie eut séché, il fut pris de douleurs lancinantes, comme les femmes qui enfantent, et il dut quitter la bataille.

Alors, Hector rallia les Troyens et les ramena à l'attaque. Diomède et Ulysse les repoussèrent un moment, mais Diomède fut atteint d'une flèche que lui avait décochée Pâris. Ulysse vint protéger sa retraite : Diomède monta sur son char et regagna le camp. Resté seul, Ulysse fut rapidement environné d'ennemis et il reçut un coup de pique dans le flanc. Pallas Athéna ne laissa pas la pique pénétrer jusqu'aux entrailles, mais bien qu'il eût tué son adversaire, Ulysse dut appeler à la rescousse. Ajax et Ménélas accoururent ; Ulysse blessé dut quitter, lui aussi, le champ de bataille… Et quand Pâris, d'une autre de ses flèches, atteignit Machaon le médecin, Idoménée appela Nestor :

« Sauve Machaon, car un médecin vaut beaucoup d'autres hommes ! »

Nestor, aussitôt, fit monter Machaon sur son char. Comme ils rentraient à toutes brides dans le camp, Achille les aperçut. Il envoya Patrocle aux nouvelles dans la baraque de Nestor. Celui-ci en profita pour adresser à Patrocle des remontrances destinées à Achille :

« Pourquoi Achille s'inquiète-t-il des blessés ? Ne sait-il pas quel deuil s'est levé sur l'armée ? Attend-il que les fins vaisseaux brûlent et que nous soyons tués les uns après les autres ?… Mais toi, Patrocle, pourquoi n'essaies-tu pas de le convaincre ? Ou, s'il ne veut pas se battre lui-même, qu'il t'envoie, toi, à la tête des Myrmidons, au secours des Danaens ! Et qu'il te donne ses armes à revêtir !… Qui sait si les Troyens ne fuiraient pas, en te prenant pour lui ? Les Achéens pourraient souffler un peu… »

Et ses paroles émurent Patrocle dans sa poitrine.

Cependant, les Argiens, domptés par le fouet de Zeus, se repliaient et s'arrêtaient auprès des vaisseaux creux, fuyant devant Hector, le puissant maître de terreur, pareil à la tempête. Il encourageait ses compagnons à franchir le fossé. Mais les chevaux se dérobaient en hennissant. Les bords étaient abrupts et il était garni de pieux aigus. Alors Polydamas vint auprès d'Hector et lui dit :

« Que les écuyers[1] gardent les chars

---

1. Écuyer, *n. m.* : celui qui monte bien à cheval ou qui s'occupe des chevaux ou des écuries. Ici, le mot désigne le guerrier qui mène le char. Au Moyen Âge, le mot désignait le valet d'armes qui porte l'écu (le bouclier) d'un chevalier, en dehors de la bataille.

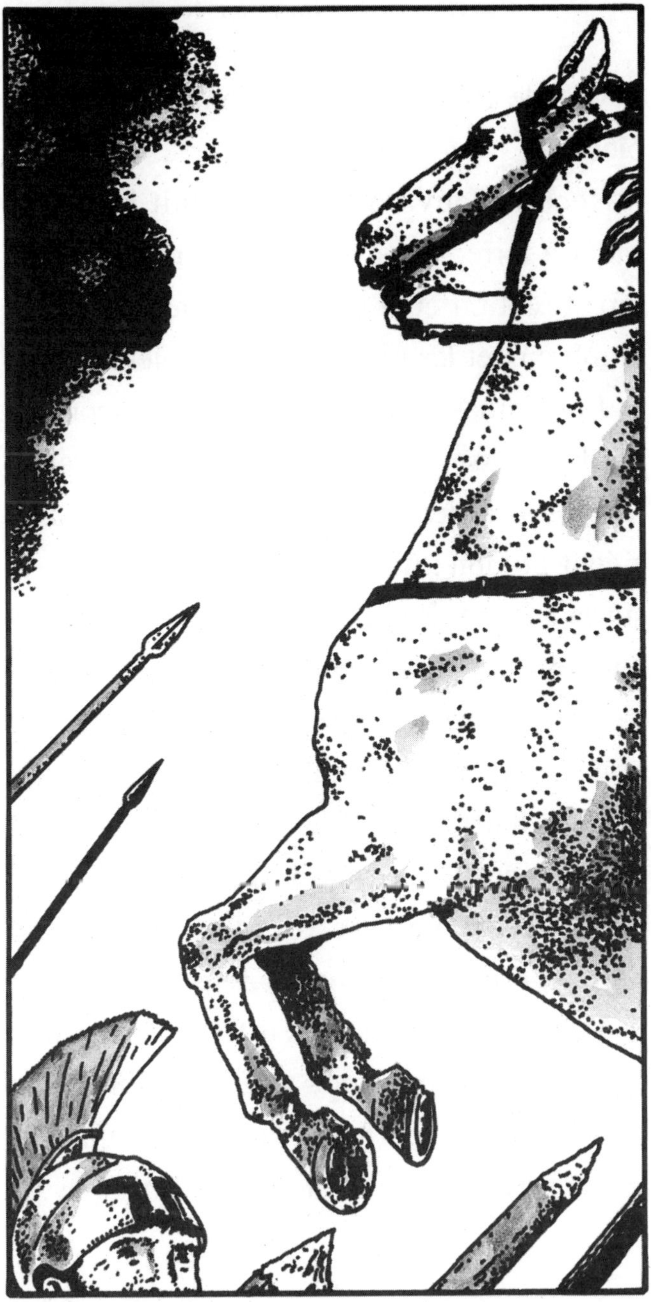

Les chevaux
se dérobaient
en hennissant.

devant le fossé, et nous, donnons l'assaut à pied ! »

Hector trouva que l'avis était bon et il sauta à terre. Tous firent de même, et ils se répartirent en cinq corps d'attaque. Les plus nombreux et les plus braves suivaient Hector et Polydamas. Mais ils hésitaient encore au bord du fossé, car, au moment où ils avaient le plus d'ardeur à le franchir, un présage s'était produit : un aigle, volant haut, apparut sur la gauche. Il tenait dans ses serres un serpent rouge, énorme, encore vivant. Se redressant en arrière, le serpent mordit l'oiseau à la poitrine et, sous la douleur, celui-ci le laissa tomber dans la foule et s'envola en criant dans le souffle du vent. Les Troyens frissonnèrent en voyant se tordre par terre, au milieu d'eux, ce signe de Zeus tempétueux. Et Polydamas vint auprès d'Hector et lui dit :

Il n'y a qu'un seul bon présage...

« C'est un mauvais présage ! Si nous enfonçons les portes et le mur, et que les Achéens cèdent, nous ne reviendrons pas en bon ordre, mais nous laisserons sur le terrain beaucoup de Troyens. Un devin qui connaît bien les signes ne peut pas te dire autre chose, et il faut l'écouter !... »

Mais Hector au casque étincelant, le regardant d'un œil sombre, lui dit :

... c'est de combattre pour sa patrie !

« Il n'y a qu'un seul bon présage, le meilleur : c'est de combattre pour sa patrie ! D'ailleurs, toi, pourquoi crains-tu la guerre et le carnage ? Tu ne risques pas d'y périr, car tu n'as pas souvent le courage de les affronter ! Mais si tu t'en écartes et si tu en détournes d'autres, tu périras aussitôt sous ma lance ! »

Il partit à l'assaut et les Troyens le suivirent avec une clameur immense. Les Danaens résistaient et les deux Ajax allaient partout sur le rempart, donnant des ordres et stimulant l'ardeur des combattants. Les pierres volaient par milliers entre les deux armées et tout un fracas s'élevait au-dessus du mur. Partout, les tours et les parapets ruisselaient de sang humain, des deux côtés, troyen et achéen. Et le combat resta égal jusqu'au moment où Zeus accorda une gloire triomphale à Hector, le Priamide. Celui-ci cria :

« En avant, Troyens dompteurs de chevaux ! Enfoncez le mur des Argiens, et mettez-moi un feu des dieux à leurs vaisseaux ! »

Ils s'élancèrent tous en masse. Et Hector se saisit d'une pierre pyramidale qui se trouvait là, devant les portes. Deux hommes ne la soulèveraient pas facilement pour la mettre sur un chariot – des hommes comme ceux d'aujourd'hui –, lui, il la brandissait facilement, et tout seul ! Pour lui, le fils de Cronos-à-l'esprit-retors[1] la rendait légère. Il la lança contre les portes et, dans un craquement épouvantable, elles éclatèrent. L'illustre Hector s'élança : on aurait dit la nuit brutale. Personne, sauf un dieu, n'aurait pu l'arrêter.

1. Fils de Cronos : Zeus. Retors : plein de ruse.

Le feu flamboyait dans ses yeux. Il cria aux Troyens de sauter le rempart et ils obéirent à son appel. Les Danaens s'enfuyaient parmi leurs vaisseaux creux et un immense tumulte s'éleva.

Agamemnon proposa de fuir : « Tirons à la mer divine les vaisseaux les plus proches du bord ! »

L'INTERVENTION 10

DE POSÉIDON ET LA RUSE D'HÉRA

DÈS que Zeus eut amené Hector et les Troyens jusqu'aux vaisseaux, il détourna les yeux. Il ne s'attendait pas à ce qu'un des dieux immortels vienne aider les Troyens ou les Danaens. Mais le puissant ébranleur du sol, Poséidon, veillait, et il n'est pas aveugle ! Il était assis sur le sommet le plus haut de Samothrace, l'île boisée. Il avait pitié des Achéens domptés par les Troyens, et il en voulait profondément à Zeus. Il descendit soudain de la montagne : trois pas, et au quatrième il était arrivé à Aigues, où il avait un palais dans l'abîme marin. Il attela à son char deux chevaux au vol rapide, prit son fouet d'or, et partit vers les flots. Les monstres de la mer bondissaient autour de lui : ils reconnaissaient leur seigneur. La mer s'ouvrait avec allégresse. Le

Vous allez sauver l'armée ! Faites face à Hector !

char volait rapidement, sans même que l'essieu de bronze soit mouillé par-dessous. Et ses chevaux à la bonne détente portaient le dieu vers les vaisseaux des Achéens.

Il se donna l'apparence du devin Calchas pour s'adresser d'abord aux deux Ajax.

« Vous allez sauver l'armée ! Faites face à Hector ! »

Les touchant de son bâton, le maître de la terre, l'ébranleur du sol, les emplit de force et de courage ; il rendit leurs membres souples et légers. Puis il alla ainsi par tout le camp pour redonner force et courage aux guerriers fatigués et démoralisés. Retournant au combat, ils se rangèrent de nouveau en bon ordre autour des deux Ajax, pleins d'une ardeur nouvelle.

Les rois blessés parcouraient le camp. Ils rencontrèrent Nestor qui ressortait de sa baraque. La situation était si grave qu'Agamemnon proposa de fuir :

« Si le mur et le fossé n'ont servi à rien, ce doit être la volonté de Zeus ! Tirons à la mer divine les vaisseaux les plus proches du bord et mouillons-les[1] en eau profonde. Quand viendra la nuit immortelle, nous pourrons peut-être tirer à l'eau les autres aussi et fuir le malheur… »

Le subtil Ulysse lui jeta un regard sombre et dit :

« Atride, quel mot s'est échappé d'entre tes dents ? Malheureux ! Tu ne devrais pas être seigneur de gens comme nous, à qui Zeus a donné pour destin de dévider[2] le fil de guerres cruelles, de la jeunesse à la vieillesse et jusqu'à la mort ! Veux-tu combler les désirs des Troyens, alors qu'ils triomphent déjà ? Les Achéens ne tiendront plus, si l'on met à l'eau les vaisseaux : ils quitteront la bataille… Et c'est toi qui les auras perdus, meneur d'armée ! »

Agamemnon, honteux, retira sa proposi-

1. Mouiller, *v. tr.* : ancrer.

2. Dévider, *v. tr.* : dérouler.

tion. Il n'y avait, pour eux, rien d'autre à faire que d'aller encourager les combattants valides…

Poséidon, cependant, d'un grand cri qu'il poussa, mit au cœur des Achéens une grande force pour guerroyer et combattre. Héra au trône d'or regardait du haut de l'Olympe. Elle reconnut aussitôt son frère et beau-frère[1] qui s'agitait dans la bataille, et elle eut la joie au cœur. Mais elle voyait Zeus aussi, qui siégeait sur l'Ida. L'idée lui vint de le séduire et de l'endormir… Quand elle fut arrivée à ses fins, elle fit porter la nouvelle au maître de la terre, l'ébranleur du sol. Aussitôt, Poséidon prit lui-même la tête des Danaens. Les rois, malgré leurs blessures, se chargèrent de faire exécuter ses ordres. L'illustre Hector, de son côté, rangeait les Troyens en bataille et tous les deux lancèrent la plus terrible des mêlées. La

1. Poséidon.

mer venait battre jusqu'aux baraques et aux vaisseaux des Argiens, tandis que la bataille s'engageait dans une clameur immense.

Hector s'abattit dans la poussière.

L'illustre Hector lança son javelot contre Ajax, et il ne le manqua pas. Mais la cuirasse et les deux baudriers[1] croisés sur sa poitrine repoussèrent l'arme. Alors, le fils de Télamon[2], ramassant une pierre, frappa Hector à la poitrine, près de la gorge, le faisant tournoyer comme une toupie. Hector s'abattit dans la poussière. Sa pique lui échappa des mains, son bouclier et son casque tombèrent sur lui et ses armes de bronze scintillant résonnèrent. Les fils des Achéens se précipitèrent à grands cris, mais aucun ne parvint à l'atteindre, car les plus braves des siens l'entourèrent : Polydamas, Énée, le divin Agénor, Sarpédon et Glaucos, le couvrant de leurs boucliers. Ses compagnons

1. Baudrier : bande de cuir ou d'étoffe qui se porte en écharpe et soutient une épée.

2. Fils de Télamon : Ajax.

l'emportèrent jusqu'au Xanthe tourbillonnant, et là, le déposant à terre, ils lui jetèrent de l'eau. Il reprit haleine, ouvrit les yeux et se mit à genoux pour vomir du sang noir. Puis il retomba et la noirceur de la nuit couvrit ses yeux : il était encore dompté sous le coup.

Hector ainsi hors de combat, les Achéens reprirent l'avantage. Les Troyens en déroute refluèrent à travers les pieux du fossé, et beaucoup tombaient sous les mains des Danaens. Arrivés près des chars, ils s'arrêtèrent, verts de terreur, en pleine panique.

C'est alors que Zeus s'éveilla, sur les sommets de l'Ida, aux côtés d'Héra au trône d'or. Il se leva, vit les Troyens en déroute ; les Argiens les bousculaient et, avec eux, il y avait le seigneur Poséidon !... Dans la plaine, il vit Hector gisant et qui crachait le sang. Le père des hommes et des dieux eut pitié de lui et il entra dans une violente colère :

« Voilà bien de tes ruses, impossible Héra !

Les Achéens reprirent l'avantage.

Mais rappelle-toi comme je t'ai malmenée, parfois, pour tes méfaits !... Tu vas voir, aujourd'hui, pour m'avoir trompé ! »

Héra, effrayée, lui jura par la Terre, par le Ciel et par le Styx qui se jette dans les enfers[1], qu'elle n'avait pas poussé Poséidon : il agissait de son propre mouvement.

Zeus, alors, se radoucit et lui dit :

« Si tu parles vrai, fais venir ici Iris et l'archer Apollon. »

Ainsi fut fait, et Zeus envoya Iris auprès de Poséidon :

« Maître de la terre, dieu aux cheveux bleus, Zeus tempétueux t'ordonne de cesser le combat et de te retirer dans l'assemblée des dieux ou dans la mer divine. Si tu n'obéis pas, il viendra te combattre face à face ! Il te conseille de l'éviter car il est beaucoup plus fort que toi, et c'est lui l'aîné ! »

1. Enfers, *n. m. pl.* : les régions souterraines qui constituent le monde des morts, c'est-à-dire le royaume d'Hadès.

Poséidon s'irrita violemment, puis, sur les conseils apaisants d'Iris, il céda :

« Mais si, malgré moi, malgré Athéna la pilleuse, malgré Héra, Hermès et le seigneur Héphaïstos, il prétend sauver Ilion, s'il refuse de la détruire et de donner une grande victoire aux Argiens, qu'il sache qu'il nous en restera une colère implacable ! »

Poséidon abandonna l'armée achéenne et s'enfonça dans la mer.

Sur ces mots, Poséidon abandonna l'armée achéenne et s'enfonça dans la mer. Aussitôt, les héros achéens sentirent son absence. Alors Zeus, l'assembleur des nuages, s'adressa à Apollon :

« Prends dans tes mains l'Égide et secoue-la pour épouvanter les héros achéens. Occupe-toi d'Hector, emplis-le d'une immense fureur, pour qu'il les mette en fuite jusqu'aux vaisseaux et à l'Hellespont. À ce moment-là, je verrai, en actes et en paroles, comment leur permettre de reprendre leur souffle. »

Il dit ; et Apollon ne désobéit pas à son père : il descendit des montagnes de l'Ida, comme un faucon rapide tueur de colombes. Hector avait repris connaissance. Apollon s'approcha et dit :

« Rassure-toi, maintenant ! Je suis Phoïbos Apollon, le dieu à l'épée d'or. Je vous protège depuis longtemps, toi et ta haute cité. Je vais faire tourner le dos aux héros achéens. »

Malheur ! Il devrait être mort !

Dès qu'il eut entendu la voix du dieu, Hector fut sur pied. Comme un étalon galopant bruyamment dans la plaine, il se mit à parcourir les rangs de son armée. Les Achéens, en le voyant, s'épouvantaient ; à tous, le cœur leur tombait jusqu'aux pieds :

« Malheur ! Revoilà Hector ! C'est un grand prodige ! Il devrait être mort ! Il faut qu'une fois de plus un dieu l'ait sauvé !... »

Ils décidèrent le repli du gros des troupes derrière le rempart. Mais le contingent[1] qui devait tenir tête aux Troyens se trouva face à

1. Contingent, *n. m.* : troupe de soldats fournis par une cité ou un prince en vue d'une expédition.

Phoïbos Apollon. Tant qu'il tint l'Égide immobile, les coups portaient des deux côtés. Dès qu'il se mit à la secouer, les yeux fixés sur les Danaens, en poussant un très grand cri, leur cœur subit le sortilège. Comme un troupeau de bœufs ou une bande de brebis que deux fauves, survenant en l'absence du gardien, bousculent au plus profond de la nuit noire, c'est ainsi que les Achéens s'enfuirent, sans force. Apollon avait mis la terreur parmi eux ; il offrait la gloire aux Troyens et à Hector. Le dieu, d'un coup de pied, fit crouler le remblai[1] du fossé qui se trouva ainsi comblé sur une portée de javelot. Ensuite, il abattit le mur des Achéens. Comme un enfant, au bord de la mer, se fait avec le sable des constructions dérisoires et les renverse ensuite à coups de pied ou d'un revers de main, de même toi, puissant Phoïbos, tu renversas ce

1. Remblai, *n. m.* : rempart constitué en arrière d'un fossé, avec la terre que l'on a tirée du creusement de celui-ci.

qui avait coûté tant de peine et de labeur aux Argiens et tu fis lever chez eux la panique !

Patrocle, cependant, après s'être arrêté pour soigner un blessé, voyant ce qui se passait, courut rejoindre Achille, espérant le convaincre de reprendre le combat.

On se battait maintenant pour les vaisseaux. Hector, d'une voix forte, appelait les siens à y mettre le feu. Zeus l'honorait et le glorifiait car il devait avoir une vie brève. Pallas Athéna lui préparait le jour fatal où il succomberait sous la force d'Achille.

Bientôt les Achéens durent même abandonner la première ligne de vaisseaux. Repliés devant les baraques, ils tentaient de s'y maintenir. Seul le grand Ajax, sautant d'un vaisseau à l'autre en se battant à grands coups d'une gaffe[1] d'abordage, refu-

---

1. Gaffe, *n. f.* : longue perche de bois, équipée d'un crochet à l'une de ses extrémités, afin de récupérer dans l'eau des cordages ou des objets quelconques, ou d'agripper le bord d'un bateau pour aller à l'abordage.

sait de reculer. Il exhortait[1] ses compagnons :

« Rappelez-vous votre vaillance ! Il n'y a pas de renforts derrière nous, pas de ville aux murs puissants. Nous sommes le dos à la mer, loin de notre patrie. La lueur du salut est dans nos mains, pas dans la faiblesse au combat ! »

Et à chaque fois qu'un Troyen approchait avec une torche, il le frappait.

1. Exhorter : encourager par un discours persuasif.

*Patrocle
implorait pour
lui-même
la mort
maudite
et le sort fatal.*

EXPLOITS 11
DE PATROCLE ET MORT DE SARPÉDON

PATROCLE, tout en larmes, dit à Achille :

« Cœur sans pitié, ton père n'était pas Pélée, ni ta mère Thétis ! C'est la mer étincelante qui t'a enfanté, avec les rochers abrupts, puisque ton âme est si cruelle !... Au moins, laisse-moi partir à la tête des Myrmidons : j'apporterai peut-être une lueur de salut[1] aux Danaens ! Et donne-moi tes armes pour m'en couvrir les épaules : peut-être les Troyens abandonneront-ils le combat, en me prenant pour toi... Les Achéens épuisés reprendront leur souffle. »

C'est ainsi qu'il implorait, l'insensé ! Il implorait pour lui-même la mort maudite et le sort fatal. Achille s'irrita violemment, rappelant encore une fois les justes

1. Salut, *n. m.* : le fait d'échapper à un danger ou à la mort.

Repousse l'ennemi loin des vaisseaux et reviens !

motifs de sa rancœur envers Agamemnon. Pourtant il enchaîna :

« Mais c'est du passé, laissons ça ! Il n'était pas possible de garder au cœur une colère sans fin… Vas-y, revêts tes épaules de mes armes illustres et mène au combat les Myrmidons belliqueux[1]. Les Troyens, à grands cris, tiennent toute la plaine. Tombe-leur dessus impétueusement ! Empêche-les d'incendier nos vaisseaux et de nous enlever la douceur du retour. Mais écoute bien ce que je te dis : il faut m'attirer un grand honneur et une grande gloire parmi les Danaens, pour qu'ils me ramènent cette fille de toute beauté et m'offrent des présents magnifiques. Repousse l'ennemi loin des vaisseaux et reviens ! Ne te mets pas en tête de faire sans moi la guerre aux Troyens belliqueux – tu amoindrirais ma part – ni de mener les nôtres devant Ilion.

1. Belliqueux, *adj.* : qui aime la guerre.

Que l'un des dieux nés pour toujours ne marche, de l'Olympe, contre toi ; car, ces Troyens… Apollon les aime ! »

Or, tandis qu'ils parlaient, Ajax ne pouvait plus tenir. La volonté de Zeus et les Troyens l'emportaient. Son casque résonnait sous les traits et son épaule gauche s'engourdissait sous le poids du bouclier. Il respirait péniblement…

Dites-moi, maintenant, Muses qui habitez l'Olympe, comment le feu prit aux vaisseaux des Achéens.

Hector, d'un coup de sa grande épée, abattit la pointe de la lance d'Ajax. Alors, Ajax reconnut, avec horreur, l'œuvre des dieux : Zeus voulait la victoire pour les Troyens. Il se replia à l'abri des traits[1]. Les autres mirent aussitôt le feu au fin vaisseau. Achille, se frappant les cuisses de douleur avec le plat des mains, dit à Patrocle :

1. Traits : flèches.

« Vite, divin Patrocle, vas-y ! Je vois le feu jaillir du côté des vaisseaux… Moi, je vais rassembler les troupes. »

Devant le front des troupes rangées derrière Patrocle et Automédon, Achille fit une libation à Zeus : « Seigneur Zeus, accomplis encore mon désir : que la gloire accompagne Patrocle et qu'il revienne sain et sauf avec tous ses vaillants compagnons ! »

Il pria et le sage Zeus l'entendit : il lui accorda une chose, mais il lui refusa l'autre.

Patrocle et les Myrmidons s'élancèrent au combat. Voyant cela, les Troyens crurent que le Péléide aux pieds rapides avait renoncé à sa colère et choisi l'amitié : chacun chercha à fuir pour ne pas être jeté dans la mort. Patrocle les chassa des vaisseaux et éteignit le feu dévorant. Ils refluèrent, abandonnant le vaisseau à moitié brûlé, et les Danaens progressèrent de nouveau. Comme des loups pillards se jettent sur des agneaux ou des cabris qu'ils enlèvent aux flancs de leurs mères, quand des bergers imprudents les ont laissés s'égarer loin du troupeau – dès qu'ils les voient, vite, ils les saisissent, tout tremblants –, de même les Danaens se jetèrent sur les Troyens oublieux de leur ardente vaillance. Ce n'est pas en bon ordre qu'ils quittèrent les vaisseaux ! Une fois passé le fossé en grand désordre, et avec de lourdes pertes, ils s'enfuirent vers la ville.

Sarpédon, le héros fils de Zeus, commandait, avec Glaucos, aux Lyciens, alliés des Troyens ; il fit honte à ses troupes de leur retraite et, lui-même, s'avança face à Patrocle pour le combattre. Comme des vautours aux serres courbes et au bec crochu se battent, au sommet d'un rocher, en poussant de grands cris, ainsi, tous les deux, ils se jetèrent l'un sur l'autre en criant. En les voyant, Zeus, le fils du Fourbe[1], dit à Héra, sa sœur et son épouse :

1. Fourbe, *adj.* : trompeur et rusé. Épithète de Cronos. Zeus, fils de Cronos, est donc parfois appelé « le fils du Fourbe ».

« Hélas, Sarpédon m'est très cher parmi les hommes, et son destin est d'être abattu par Patrocle !… Mon cœur s'agite et se partage : vais-je l'arracher à la bataille sanglante et le déposer dans son gras pays de Lycie, ou bien vais-je l'abattre, de la main de Patrocle ? »

La sainte Héra aux yeux de génisse lui répondit :

« Redoutable fils de Cronos, quelle parole as-tu dite ? C'est un homme, un mortel, et tu voudrais le faire échapper à la cruauté de la mort ? Fais-le… Mais nous, les autres dieux, nous ne t'approuvons pas tous ! Prends garde qu'ensuite un autre ne veuille en faire autant ! Ils sont nombreux les fils des immortels qui combattent devant la grande cité de Priam !… Si ton cœur se lamente pour Sarpédon, permets qu'il soit abattu, dans la mêlée, de la main de Patrocle, et puis, quand la vie l'aura quitté, envoie Trépas et Sommeil le rapporter dans la vaste Lycie, où ses parents lui feront des funérailles. »

Elle parla ainsi, et le père des dieux et des hommes ne refusa pas de se laisser convaincre. Mais il fit tomber une pluie de sang sur la terre, en l'honneur de son enfant, que Patrocle allait lui tuer, dans la bonne terre de Troade, loin de sa patrie.

Un mortel, et tu voudrais le faire échapper à la mort ?

Sarpédon, en voulant porter à Patrocle un coup de lance, le manqua et n'atteignit que l'un des chevaux de son char. Une seconde fois, encore, il manqua son but : la pointe de la lance passa au-dessus de l'épaule. Patrocle, à son tour, s'élança, brandissant le bronze, et ce ne fut pas un coup pour rien : il frappa là où le péricarde[1] enveloppe le cœur. Sarpédon s'abattit, comme s'abat un chêne, un peuplier ou un pin, que des charpentiers, dans la montagne, ont coupé avec leurs haches affûtées de frais, pour construire un

1. Péricarde, *n. m.* : terme d'anatomie, sac membraneux qui enveloppe le cœur.

La mort
couvrit
ses yeux et
ses narines.

bateau. Ainsi, devant ses chevaux et son char, il gisait, étendu, gémissant, empoignant à pleines mains la poussière ensanglantée ; et, frémissant de fureur en mourant, il appela son compagnon :

« Glaucos, mon bon, toi qui es un guerrier parmi les hommes, va partout exciter les Lyciens à combattre autour de Sarpédon, et toi-même bats-toi pour moi : quelle honte pour toi, si les Achéens me dépouillent de mes armes ! »

Comme il disait ces mots, la mort couvrit ses yeux et ses narines. Patrocle, posant le talon sur sa poitrine, retira sa lance de la chair, et le péricarde suivit : il arracha en même temps l'âme et la pointe de l'arme.

Pour Glaucos ce fut un terrible chagrin d'entendre cette voix : il n'avait pas pu lui venir en aide, car il avait été blessé à l'assaut du rempart, et sa blessure l'épuisait. Alors il fit cette prière à Apollon qui frappe au loin :

« Écoute-moi, seigneur, que tu sois dans le

Seigneur Apollon, donne-moi de la force !

gras pays de Lycie ou à Troie ! J'ai cette rude blessure, et je ne peux pas tenir mon arme fermement, pour me battre. Le plus vaillant des hommes est mort : Sarpédon, fils de Zeus ! Lui, il ne défend pas son enfant ! Guéris-moi cette rude blessure, et donne-moi de la force, afin que je rallie les Lyciens, que je les excite au combat et que je me batte moi-même auprès de ce corps mort ! »

Telle fut sa prière, et Phoïbos Apollon l'exauça, le guérit et lui mit la fougue dans le cœur. Glaucos le sentit et se réjouit d'avoir été si vite écouté du grand dieu qu'il avait prié.

Longue et acharnée fut la mêlée autour du corps de Sarpédon. Zeus n'en détourna pas les yeux un instant ; il s'interrogeait : Patrocle allait-il, tout de suite, être déchiré par le bronze sous les coups de l'illustre Hector, ou arracherait-il encore la vie à bien d'autres Troyens ? À la réflexion, cela lui parut le mieux. Et à Hector tout le premier il donna un cœur sans force. Hector monta sur son char et s'enfuit, car il avait reconnu la balance sacrée[1] de Zeus.

Les braves Lyciens eux-mêmes ne tinrent plus, mais s'enfuirent tous : il était tombé bien des hommes sur le corps de leur roi ! Et les vainqueurs enlevèrent des épaules de Sarpédon ses armes de bronze étincelant : Patrocle les fit porter près des vaisseaux.

Alors Zeus qui assemble les nuages dit à Apollon :

« Maintenant, va, Phoïbos. »

Et Phoïbos enleva le corps de Sarpédon, le lava du sang noir dans le courant d'un fleuve, l'enduisit d'ambroisie[2], le vêtit de vêtements immortels et le fit emporter – qu'ils lui fassent une escorte rapide – par Sommeil et Trépas, les jumeaux. Eux, bien vite, ils le déposèrent dans le gras pays de la vaste Lycie.

---

1. Balance sacrée, *n. f.* : à diverses reprises, l'*Iliade* montre Zeus pesant le destin d'un mortel, afin de savoir ce qui doit lui arriver. Quand Hector « reconnaît la balance sacrée de Zeus », cela revient à dire qu'il prend conscience du fait que Zeus l'abandonne à son destin.

2. Ambroisie, *n. f.* : nourriture des dieux ; elle leur procure l'immortalité.

Patrocle poursuivit les Troyens, l'insensé !

LA MORT DE PATROCLE 12

PATROCLE, excitant les chevaux et son cocher Automédon, poursuivit les Troyens, l'insensé ! S'il avait respecté l'ordre du Péléide, il aurait échappé au destin maudit et à la mort noire. Mais toujours la volonté de Zeus est plus forte que celle d'un homme. Il terrifie même un brave et lui enlève la victoire avec facilité, ou bien il le pousse au combat. Alors, les Achéens auraient pris Troie par les mains de Patrocle, si Phoïbos Apollon n'avait pas été là. Trois fois, Patrocle attaqua un saillant de la muraille, et, trois fois, Apollon le repoussa de ses mains immortelles en frappant son bouclier brillant. À la quatrième, il dit :

« Arrière, divin Patrocle ! Ce n'est pas ton destin de détruire sous ta lance la ville des

Troyens. Et ce n'est pas non plus celui d'Achille, qui est pourtant bien meilleur que toi ! »

Hector fit fouetter ses chevaux : droit sur Patrocle !

Et Patrocle se replia loin en arrière pour éviter la colère de l'archer Apollon. Le dieu, prenant l'apparence d'un mortel, alla trouver Hector. Arrêté devant les portes Scées, celui-ci hésitait entre la contre-attaque et le repli à l'abri des murs :

« N'arrête pas le combat, mais lance tes chevaux sur Patrocle. Peut-être que tu le tuerais et qu'Apollon te donnerait la gloire !... »

Hector fit fouetter ses chevaux par son cocher Kébrionès : droit sur Patrocle ! Celui-ci sauta de son char à terre, tenant sa pique dans sa main gauche ; de l'autre, il prit une pierre, du marbre, qu'il avait bien en main, et, de toutes ses forces, il la lança. Elle atteignit Kébrionès au front : elle brisa les deux sourcils, l'os ne résista pas. Ses yeux tombèrent dans la poussière, à ses pieds, et lui, comme un plongeur, il tomba du char ouvragé. Sa vie abandonna ses os. Et, moqueur, tu lui dis, Patrocle meneur de chevaux :

« Oh là là ! Quelle souplesse ! Comme il fait bien la culbute ! Si c'était dans la mer poissonneuse, pour cueillir des huîtres, il en nourrirait du monde, en plongeant d'un bateau, même par gros temps ! »

Hector sauta de son char. Patrocle et lui s'élancèrent pour se disputer le cadavre : Hector avait saisi la tête et Patrocle tenait les pieds. Et ce fut la mêlée générale autour de Kébrionès. Lui, gisait de tout son long au milieu d'un tourbillon de poussière : il avait oublié les galopades.

Quand le soleil inclina vers l'heure où l'on détache les bœufs, les Achéens l'emportèrent. Patrocle se jetait férocement sur les Troyens, en criant effroyablement. Trois fois, il tua neuf hommes. Mais quand il s'élança pour la quatrième, c'est alors que parut le terme de sa vie. Phoïbos vint vers lui, terrible, caché par une vapeur. Il s'arrêta derrière lui et le frappa du plat de la main, entre les deux épaules… et ses yeux chavirèrent. Phoïbos Apollon jeta son casque dans la poussière, sous les pieds des chevaux, le casque d'Achille !… Mais Zeus le donnait à Hector pour qu'il le porte sur sa tête, car sa perte était proche. La pique de Patrocle se brisa dans ses mains, son bouclier et son baudrier tombèrent. Le seigneur Apollon, fils de Zeus, détacha sa cuirasse. Patrocle eut un vertige, ses membres étaient rompus, il s'arrêta, saisi. Un Dardanien, Euphorbe, vint le frapper par-derrière d'un coup de lance aiguë. Et, comme il se repliait vers les siens, Hector s'avança, le frappa d'un coup de lance dans le bas-ventre et lui dit :

« Patrocle, tu te disais que tu allais ravager notre ville, ravir aux femmes troyennes le jour de la liberté et les emmener sur tes vaisseaux dans ta patrie, pauvre sot ! Mais j'étais là, moi qui suis le meilleur des Troyens à la lance ! »

Défaillant, Patrocle le meneur de chevaux lui dit : « Tu triomphes, mais c'est que Zeus, fils de Cronos, t'a donné la victoire, avec Apollon. Ils m'ont dompté sans peine ! C'est eux qui ont détaché mes armes de mes épaules ! C'est le sort fatal et Apollon qui m'ont tué, et, parmi les hommes, Euphorbe : tu n'es que le troisième ! Mais je vais te dire : tu ne vivras plus longtemps, toi non plus, car la mort et le sort fatal se tiennent déjà près de toi, pour te dompter par la main d'Achille. »

Mais je vais te dire : tu ne vivras plus longtemps, toi non plus.

La mort l'interrompit et son âme s'envola chez Hadès, pleurant son destin, quittant la force et la jeunesse. Il était mort quand l'illustre Hector lui dit :

« Patrocle, pourquoi me prédire la mort vertigineuse ? Qui sait si ce n'est pas Achille qui périra sous ma lance ? »

Et, mettant le pied sur le corps, il arracha sa pique de bronze pour se jeter vers Automédon. Mais déjà ses chevaux l'emportaient : les chevaux immortels d'Achille !

Dès lors, la bataille tourna à l'avantage des Troyens. Une mêlée furieuse s'engagea autour du cadavre de Patrocle. Un tumulte de fer s'élevait jusqu'au ciel. À l'écart, les chevaux immortels d'Achille, depuis qu'ils avaient vu tomber leur cocher habituel, pleuraient sur lui. Des larmes brûlantes coulaient de leurs yeux. En les voyant, Zeus eut pitié d'eux :

« Pauvres bêtes ! Pourquoi donc vous ai-je données au seigneur Pélée – un mortel ! –, vous qui ne vieillirez et ne mourrez pas ?... Pour que vous souffriez avec les misérables humains ?... Car il n'y a rien de plus lamentable que l'homme, dans tout ce qui respire et se traîne à la surface de la terre ! »

Peu à peu, les héros achéens fléchissaient et tournaient bride. Zeus, secouant l'Égide, mettait parmi eux la panique. C'est en vain que quelques-uns essayèrent d'empêcher Hector de dépouiller Patrocle : il revint bientôt au combat sous les propres armes d'Achille ! Mais la mêlée se poursuivit pour le corps même. Ménélas envoya Antiloque, fils du sage Nestor, auprès d'Achille, lui annoncer que le plus cher de ses amis était mort. Puis, à grand-peine, avec l'aide de Mérionès, il parvint à soulever le corps et, sous la protection des deux Ajax, ils se mirent en route, en le portant, vers les vaisseaux.

Les jeunes Achéens, pourchassés par Hector et Énée, criaillaient à la mort comme une nuée d'étourneaux à l'approche d'un épervier. Les belles armes des Danaens en fuite tombaient en grand nombre aux abords du fossé et le combat ne s'apaisait pas.

« Mère, je ne veux plus vivre… »

ACHILLE 13

ACHILLE fut submergé par le nuage noir de la douleur. Prenant à pleines mains la cendre du foyer, il s'en couvrait la tête et se roulait dans la poussière en s'arrachant les cheveux. Thétis, du fond de la mer, entendit les plaintes de son fils. Elle accourut auprès de lui.

« Mère, je ne veux plus vivre, si Hector ne meurt pas sous ma lance pour payer le prix du sang de Patrocle ! »

Thétis, en pleurs, lui répondit :

« Alors, mon enfant, tu sera près de mourir, car, aussitôt après Hector, ton sort est préparé…

– Eh bien je mourrai donc, puisque je n'ai pu aider mon ami face à la mort !… Maudite querelle !… Maintenant, il faut que je mette la main sur Hector ! N'essaie pas de me retenir : je ne t'écouterai pas !

– Mais, tes armes splendides, Hector les a sur ses épaules ! Attends pour te jeter dans la mêlée : je reviendrai, avec le soleil levant, t'apporter de belles armes forgées par le seigneur Héphaïstos. »

Alors Achille s'en alla pousser un cri terrible...

Cependant, Hector harcelait les porteurs du cadavre de Patrocle, et les deux Ajax avaient bien du mal à le repousser. Iris, envoyée par Héra, vint en secret trouver Achille :

« Va au secours de Patrocle ! Hector veut traîner son corps vers Ilion... Même sans armes, comme tu es, fais-toi voir des Troyens : peut-être, épouvantés, vont-ils rompre le combat... »

Alors Achille s'en alla pousser un cri terrible, debout près du fossé, en avant du mur, et Pallas Athéna cria avec lui. Leurs voix résonnaient comme des trompettes d'attaque, semant la débandade dans les rangs des Troyens. Les chevaux faisaient demi-tour en désordre et les cochers s'affolaient. Trois fois Achille cria, et douze des meilleurs guerriers troyens périrent sous les roues de leurs propres chars… Les Achéens emportèrent Patrocle à l'abri des traits et le placèrent sur un lit. Achille suivait, pleurant à chaudes larmes. Héra, pour abréger le jour et mettre fin aux combats, obligea le soleil à plonger plus tôt dans l'Océan.

… et Pallas Athéna cria avec lui.

Les Troyens réunirent une assemblée, avant le repas du soir. Mais ils restèrent debout, tant la peur les tenait : Achille, depuis longtemps à l'écart des combats, avait reparu ! Le sage Polydamas conseillait avec bon sens le repli derrière les remparts de Troie. Mais Hector protesta avec violence et fit prévaloir autoritairement son avis. Les Troyens l'acclamèrent, pauvres fous ! Pallas Athéna leur avait ravi l'esprit : ils approuvaient Hector dont l'avis leur était fatal, et personne n'approuvait Polydamas qui leur donnait le bon conseil !

À la prière de Thétis, Héphaïstos forgea pour Achille des armes plus éclatantes que le feu, avec un bouclier artistement ouvragé : il y représenta toutes les scènes de la vie du monde, et, tout autour, il figura l'Océan.

L'Aurore à la tunique de safran se levait justement du cours de l'Océan, quand Thétis apporta à son fils les cadeaux splendides d'Héphaïstos : aucun mortel n'avait jamais porté d'armes pareilles ! Les Myrmidons frissonnaient à les voir, mais Achille en devenait plus furieux : ses yeux brillaient comme des flammes. Il partit le long du rivage de la mer, en poussant des cris terribles, pour appeler les Achéens à l'assemblée. Quand ils furent tous là – les blessés venaient en dernier : Diomède, Ulysse, Agamemnon –, Achille se leva et dit :

« Atride, crois-tu que nous ayons bien fait de nous quereller à nous manger le cœur, pour une fille ? Hector et les Troyens en ont eu le profit ! Et je crois que les Achéens se souviendront longtemps de notre querelle, à toi et à moi !… Mais, maintenant, je mets fin à ma rancune. Je vais marcher de nouveau contre

les Troyens : ils ne vont pas s'endormir près des vaisseaux ! »

Et les Achéens se réjouirent de voir Achille au grand cœur abandonner sa colère. Agamemnon, à cause de sa blessure, prit la parole sans se lever :

« Mes amis, héros danaens, serviteurs d'Arès, je veux m'expliquer avec le Péléide. Écoutez-moi bien : c'est Zeus, c'est le destin qui ont mis dans mon âme une erreur sauvage, le jour où j'ai pris à Achille sa part d'honneur ! Mais que pouvais-je y faire ? Une divinité vient à bout de tout ! L'Erreur est la fille vénérable de Zeus, et elle trompe tout le monde… Elle a même, une fois, trompé Zeus ! Et il se lamentait, à chaque fois qu'il y pensait ! Eh bien, moi, quand Hector écrasait les Argiens, je ne pouvais pas non plus oublier mon erreur !… Mais, si Zeus m'a ravi l'esprit, je veux réparer et t'offrir des compensations inouïes ! »

Et il offrit à Achille tout ce qu'Ulysse lui avait déjà promis la veille. Achille manifestait une grande impatience que le combat reprenne. Ulysse fit remarquer qu'on se bat mal avec le ventre creux : il fallait d'abord faire manger l'armée, et, pendant qu'on préparerait le repas, Agamemnon ferait apporter publiquement ses présents. Agamemnon approuva, mais Achille s'indignait :

Ce n'est pas avec le ventre que les Achéens doivent porter le deuil d'un mort.

« Un autre moment serait mieux choisi ! Les victimes d'Hector, le Priamide, gisent encore à terre, et vous nous invitez à manger !... Moi, je voudrais que nous allions nous battre tout de suite, à jeun, jusqu'au soir ! Avant ça, rien ne passerait par ma gorge, ni boire ni manger, alors que mon ami est mort, et qu'il gît dans ma baraque, déchiré par le bronze aigu ! Rien n'intéresse mon cœur, que le meurtre, le sang, et les plaintes horribles des hommes. »

Le subtil Ulysse lui répondit :

« Ô Achille, même si tu es plus fort que moi, et meilleur – pas seulement un peu – les armes à la main, moi, en revanche, pour la réflexion, je l'emporterai sur toi – et de beaucoup ! – car je suis plus âgé, et j'en sais davantage. Les hommes en ont vite assez de la bataille, et ce n'est pas avec le ventre que les Achéens doivent porter le deuil d'un mort. Il faut boire et manger pour mieux se battre ensuite. »

Sur ces paroles, Ulysse et quelques autres allèrent prendre chez Agamemnon ce qu'il destinait à Achille : sept trépieds, vingt bassins, douze chevaux ; et encore sept femmes sachant bien tisser, plus une huitième : Briséis aux belles joues ; et puis dix talents[1] d'or. Agamemnon alors se leva :

« Que Zeus très haut et tout-puissant en soit témoin, avec la Terre, le Soleil et les Érinyes, qui punissent les parjures[2] sous la

1. Talent, *n. m.* : unité de poids, variable suivant les lieux et les époques, mais équivalant, en principe, au poids d'un pied cube d'eau. Pour les poids monétaires, elle vaut 26 kg environ, dans le système adopté à Athènes par le législateur Solon.

2. Parjure, *n. m.* : a. faux serment. – b. violation d'un serment. – c. celui qui commet un parjure.

terre : je n'ai jamais porté la main sur Briséis ! »

Et, avec le bronze impitoyable, il coupa la gorge à un sanglier que tenait son héraut Talthybios. Après ce sacrifice, tous allèrent à leur repas. Mais, comme Achille refusait obstinément de se nourrir, Zeus envoya Athéna verser dans sa poitrine le nectar et l'ambroisie, pour que la faim ne le tourmente pas. Enfin, Achille, brillant dans sa nouvelle armure comme le haut soleil, monta sur son char, derrière son cocher Automédon. Et, parmi les premiers, en criant, il lança ses chevaux aux sabots massifs.

Dès lors, Zeus autorisa de nouveau les dieux à se mêler au combat. Ils s'y précipitèrent avec un tel fracas que le dieu des enfers, Hadès, eut peur que la terre se fende et que son royaume apparaisse à ciel ouvert ! Achille se livra à un effroyable carnage. Ceux qui l'affrontaient, ceux qui le suppliaient, ceux qui ne fuyaient pas assez vite, il tuait tout. Il aurait

Achille se livra à un effroyable carnage.

Le Péléide s'élançait pour saisir la gloire.

abattu Énée, si Poséidon n'en avait pas eu pitié, le sauvant pour le réserver à un autre destin… De même, Apollon vint soustraire Hector à ses coups. Mais Achille bondissait en tous sens comme un incendie qui fait rage. Lance à la main, il chargeait et massacrait, et la terre noire ruisselait de sang. Ses chevaux écrasaient les cadavres et les boucliers ; l'essieu et les parois du char étaient tout éclaboussés du sang qui jaillissait sous les sabots et sous les roues. Le Péléide s'élançait pour saisir la gloire, et une boue sanglante éclaboussait ses mains intouchables.

Tandis qu'une partie des Troyens fuyait vers la ville, il accula les autres au cours profond du Xanthe tourbillonnant. Parmi eux, il fit douze prisonniers, puis reprit la tuerie. Il fit un tel massacre dans les eaux du fleuve divin qu'à la fin celui-ci, en colère, s'enfla pour le noyer. Achille s'enfuit, poursuivi par le dieu. Il ne dut son salut qu'à l'intervention d'Athéna et de Poséidon. Mais il fallut qu'Héra envoie son fils Héphaïstos, dieu du feu, combattre en personne le fleuve déchaîné, faisant évaporer ses eaux, brûlant les arbres qui l'ombrageaient et grillant ses poissons, pour qu'il s'avoue vaincu et regagne son lit.

Tandis que les dieux s'affrontaient, Achille courait vers Troie, tuant toujours. Priam fit ouvrir les portes aux fuyards pour qu'ils trouvent refuge à l'abri des murs. Apollon prit alors l'apparence d'un guerrier troyen, et il entraîna Achille à sa poursuite, tantôt accélérant, et tantôt le laissant regagner la moitié du terrain. De moitié en moitié, jamais, pourtant, Achille ne le rattraperait… Pendant ce temps s'engouffraient dans la ville tous ceux que leurs pieds et leurs genoux avaient sauvés.

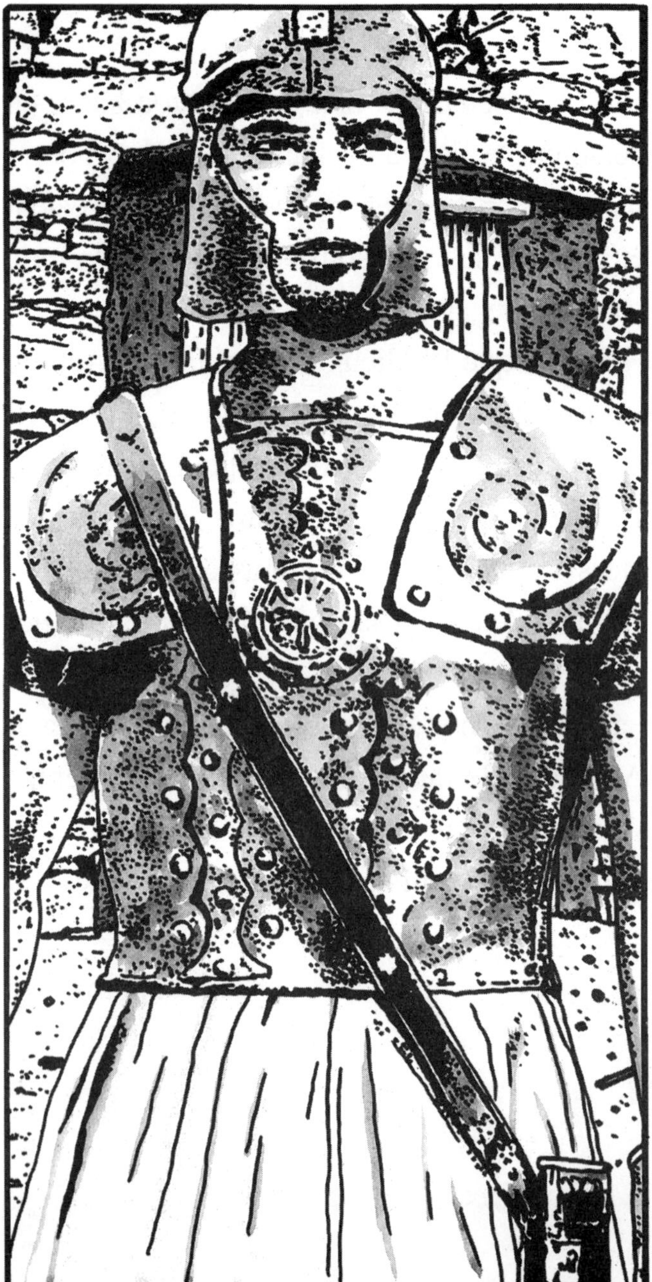

Hector ne bougeait pas : « J'ai honte devant les Troyens et les Troyennes aux tuniques traînantes. »

LA MORT D'HECTOR

14

RÉFUGIÉS dans la ville, chassés comme des faons, les Troyens épongeaient leur sueur et buvaient pour apaiser leur soif. Les Achéens s'approchaient des murailles, bouclier à l'épaule. Mais son destin funeste fit rester Hector en avant d'Ilion et des portes Scées.

Phoïbos Apollon s'adressa au Péléide :

« Pourquoi donc poursuis-tu un dieu, toi qui n'es qu'un mortel ? Tu ne me tueras pas !… »

Achille aux pieds rapides s'irrita violemment et lui dit :

« Tu m'as trompé en m'écartant des murailles ! Tu es le plus exécrable des dieux ! Tu as sauvé les Troyens sans risque, puisque tu n'as rien à craindre de moi ! Ah, comme j'aimerais me venger de toi, si je pouvais !… »

Hector, mon enfant, n'attends pas cet homme, tout seul…

À ces mots, plein d'orgueil, il s'élança vers la ville. Priam l'aperçut le premier, courant dans la plaine, tout brillant comme l'étoile des fins d'été, dont le feu clair brille, parmi les étoiles innombrables, dans la profondeur de la nuit, et qu'on nomme le chien d'Orion. C'est la plus brillante, mais elle est de mauvais augure, car elle apporte aux malheureux mortels de fortes fièvres. Priam, du haut du mur, supplia son fils :

« Hector, mon enfant, n'attends pas cet homme, tout seul, sans personne, de peur d'achever ton destin[1], dompté par le Péléide, car il est bien plus fort que toi ! »

Hécube aussi le suppliait, en pleurant et en lui montrant le sein qui l'avait allaité :

« S'il te tue, nous ne pourrons pas te pleurer sur un lit funèbre, ni moi ni ton épouse, mais,

1. Destin, *n. m.* : ce qui doit nécessairement arriver dans la vie d'un homme. Le mot peut désigner la mort : « achever son destin », c'est mourir. Zeus lui-même ne peut pas s'opposer au destin : il se contente de le peser et de veiller à son accomplissement.

loin de nous, près des vaisseaux des Argiens, les chiens courants[1] te mangeront !... »

Hector ne bougeait pas, s'irritant dans son cœur :

« Malheur à moi ! Si je franchis les portes et la muraille, Polydamas, le premier, me reprochera mon erreur, lui qui me conseillait de ramener les Troyens dans la ville, pendant cette nuit fatale où s'est levé le divin Achille ! Je ne l'ai pas écouté ! Pourtant, il aurait mieux valu !... Pour moi, le mieux serait de rentrer après avoir affronté et tué Achille ou de mourir de sa main noblement devant la ville, puisque maintenant j'ai causé la défaite de mes gens par mon orgueil insensé ! Et j'ai honte devant les Troyens et les Troyennes aux tuniques traînantes... Allons, sachons à qui des deux l'Olympien[2] offrira la gloire ! »

1. Chiens courants : grands chiens dressés à poursuivre les animaux à la course, par opposition aux « chiens d'arrêt ».

2. L'Olympien : ici, Zeus.

Mais Achille arrivait, semblable à Arès, et, sur lui, le bronze resplendissait comme le feu ou le soleil levant. La terreur saisit Hector, et, s'écartant des portes, il prit la fuite. Le Péléide, confiant dans ses pieds agiles, s'élança à sa poursuite. Comme un faucon, dans les montagnes, le plus rapide des oiseaux, s'élance sans peine à la poursuite d'une palombe craintive – elle fuit, volant bas, et lui, souvent, pique au plus près avec un cri aigu : son cœur le pousse à la saisir ! –, c'est ainsi qu'Achille volait droit et que tremblait Hector sous les remparts de Troie. C'était un brave qui fuyait, mais son poursuivant était plus brave encore ! Trois fois, ils firent le tour de la ville de Priam ; et tous les dieux regardaient… Hector essayait de se rapprocher des remparts, pour permettre aux Troyens de le protéger en lançant des flèches ; mais Achille, lui coupant la route, l'obligeait toujours à se rabattre dans la plaine, loin de la ville.

Apollon, pour la dernière fois, redonna vigueur à Hector, mais, quand ils arrivèrent aux sources du Scamandre pour la quatrième fois, le père des dieux déploya sa balance d'or. Il y plaça les deux déesses de la mort cruelle, celle d'Achille et celle d'Hector, dompteur de chevaux, et le jour fatal d'Hector pencha et disparut dans l'Hadès. Alors, Phoïbos Apollon l'abandonna. La déesse aux yeux brillants, Athéna, vint à Achille :

Alors, Phoïbos Apollon l'abandonna.

« Arrête-toi et reprends souffle : je vais le persuader de te combattre. »

Elle prit l'apparence de Déiphobe, un des frères d'Hector, et alla lui parler… Hector, croyant que son frère était sorti de la ville à sa rescousse, s'avança vers Achille :

« Je ne vais plus te fuir, Péléide ! Maintenant, mon cœur me pousse à te faire face : que je triomphe ou que je succombe ! Allons, invoquons les dieux : qu'ils soient témoins de nos accords. Si Zeus me donne de t'arracher la vie, quand j'aurai pris tes armes, je rendrai ton corps aux Achéens : toi aussi, fais la même chose. »

Achille aux pieds rapides lui jeta un regard sombre et dit :

« Hector, maudit, ne parle pas d'accord ! Il n'y a pas de trêve loyale entre les lions et les hommes. Les loups et les agneaux n'ont pas le cœur à l'unisson. Eh bien, toi et moi, il n'est pas dans la nature des choses que nous soyons amis ; et il n'y aura pas de trêve entre nous avant que l'un ou l'autre, en tombant, ne rassasie de son sang Arès, le guerrier invincible… Pallas Athéna va te dompter sous ma pique ! »

Et, brandissant sa pique, il la lança. Hector l'esquiva en se baissant et elle alla se planter, derrière lui, dans le sol. Pallas Athéna la saisit et la rendit à Achille, sans que le meneur d'hommes, Hector, s'en aperçoive.

« Tu m'as manqué, Achille semblable aux dieux ! Tu ne connaissais donc pas mon destin, comme tu le prétendais. À toi d'éviter ma

Hector esquiva la pique et elle alla se planter derrière lui, dans le sol.

Comme l'aigle se laisse tomber droit sur un lièvre blotti...

pique de bronze… Ah, que tu l'emportes tout entière dans la peau ! »

Et, brandissant sa pique, il la lança. Elle atteignit le Péléide au milieu de son bouclier, mais elle fut rejetée par celui-ci. Hector s'irrita de l'avoir lancée pour rien. Il appela d'un grand cri Déiphobe, pour qu'il lui donne une longue lance… Mais Déiphobe n'était plus auprès de lui !

Hector comprit dans son cœur et il dit :

« Malheur ! Les dieux m'appellent à la mort ! Pallas Athéna m'a trompé. Maintenant la mort maudite est près de moi : ma destinée m'atteint. Qu'au moins je ne périsse pas sans réagir et sans gloire : que ce soit en accomplissant quelque chose de grand, qu'apprendront ceux de l'avenir ! »

Il tira son épée aiguë et s'élança. Comme l'aigle, planant haut, descend vers la plaine à travers les nuages sombres et se laisse tomber droit sur un tendre agneau ou un lièvre blotti, de même Hector s'élança, agitant son épée.

Achille aussi bondit, le cœur sauvage. Comme l'étoile du soir, la plus belle du ciel, s'avance parmi les étoiles au cœur de la nuit, ainsi jaillissait la lumière de la pointe de sa lance : il cherchait l'endroit où frapper. Hector était couvert des belles armes qu'il avait enlevées à Patrocle. Seuls apparaissaient le cou et le défaut de l'épaule : c'est par là que la vie s'arrache le plus vite. C'est là qu'Achille frappa. La pointe traversa le cou, sans percer, pourtant, la trachée, si bien qu'Hector pouvait encore parler. Il s'écroula dans la poussière, tandis qu'Achille triomphait :

Comme l'étoile du soir s'avance au cœur de la nuit.

« Hector, tu croyais, en dépouillant Patrocle, que tu en réchapperais ? Pauvre sot ! Moi j'étais là pour le venger, et je viens de te rompre les genoux ! Toi, les chiens et les oiseaux te déchireront honteusement, mais lui, les Achéens lui rendront les honneurs funèbres. »

Défaillant, le grand Hector au casque étincelant lui dit :

Je t'en supplie, par ta vie, par tes genoux, par tes parents.

« Je t'en supplie, par ta vie, par tes genoux, par tes parents, ne laisse pas les chiens me dévorer près des vaisseaux des Achéens. Accepte une rançon et rends mon corps, afin que les Troyens et les épouses des Troyens me rendent les honneurs du bûcher…

– Non, chien ! Ne me supplie pas… Je voudrais pouvoir manger ta chair crue, pour le mal que tu m'as fait ! Les chiens et les oiseaux te dévoreront tout entier ! »

Mourant, Hector répondit :

« Oui… Je savais bien, te connaissant, que je ne pouvais pas te convaincre… Tu as un cœur de fer dans la poitrine ! Mais pense que cela attirera peut-être sur toi une vengeance divine, le jour où Pâris et Phoïbos Apollon te frapperont devant les portes Scées. »

La mort l'interrompit, et son âme s'envola chez Hadès, pleurant son destin, quittant la force et la jeunesse. Il était mort quand le divin Achille lui dit :

« Meurs !… La mort, moi je la recevrai

quand ce sera la volonté de Zeus et des autres dieux immortels. »

Il le dépouilla de ses armes, et, sous les yeux des Achéens, venus voir le cadavre et lui porter des coups, il lui perça les pieds, derrière, entre la cheville et le talon. Avec des courroies, il l'attacha à son char en laissant traîner sa tête. Puis, montant sur le char, il fouetta les chevaux. Un nuage de poussière enveloppa le corps et ses cheveux noirs se répandirent. Zeus le livrait aux outrages de ses ennemis, dans sa propre patrie.

Achille offrait des prix magnifiques…

JEUX FUNÈBRES 15

EN L'HONNEUR DE PATROCLE

De retour près des vaisseaux et de l'Hellespont, Achille ne laissa par les Myrmidons dételer leurs chevaux :

« Pleurons Patrocle, c'est la part d'honneur due aux morts… »

Et il étendit Hector, le visage dans la poussière, près du lit où reposait le fils de Ménoïtios[1]. Pour le banquet funèbre[2], d'innombrables bœufs, brebis, chèvres et porcs grillèrent sur la flamme d'Héphaïstos : partout, autour du mort, à pleines coupes, ruisselait le sang. Puis tous allèrent dormir. Achille était étendu sur le bord de la mer au chant toujours

1. Le fils de Ménoïtios : Patrocle.

2. Banquet funèbre : dans les civilisations traditionnelles (et parfois jusqu'à nos jours dans les campagnes françaises), les funérailles s'accompagnaient d'un banquet.

changeant, poussant des gémissements profonds ; à la fin le sommeil le prit : il avait tant fatigué ses membres en poursuivant Hector devant Ilion battue des vents !... Mais l'âme de Patrocle se présenta devant lui :

« Tu dors... M'aurais-tu oublié, Achille ? Enterre-moi le plus tôt possible, que je franchisse les portes d'Hadès : des âmes m'en écartent, elles m'empêchent de passer le fleuve pour me joindre à elles ; et j'erre en vain devant les demeures d'Hadès aux larges portes. Donne-moi ta main, car je ne reviendrai plus, quand vous m'aurez rendu les honneurs du feu. »

Achille tendit les mains, mais il ne saisit rien : l'âme partit sous la terre, comme une fumée, avec un petit cri aigu. D'un bond, Achille fut debout. Il réveilla les autres, et ils se lamentaient quand parut l'Aurore aux doigts de rose.

Ils dressèrent un bûcher de trente mètres de côté, et y placèrent le mort qu'ils couvrirent de la graisse de nombreux animaux sacrifiés. Achille y jeta quatre chevaux. Il égorgea et y jeta encore deux des chiens de Patrocle, et douze nobles fils de Troyens : son cœur se plaisait au crime. Enfin, il mit le feu :

« Je te salue, Patrocle, même dans les demeures d'Hadès ! Tout ce que je t'avais promis, je vais l'accomplir : le feu mange, avec toi, douze fils des Troyens. Hector, le fils de Priam, je ne le donnerai pas à dévorer au feu, mais aux chiens ! »

Je te salue, Patrocle, même dans les demeures d'Hadès.

Or, il n'y avait pas de chiens autour d'Hector, car la fille de Zeus, Aphrodite, les écartait. Elle enduisait le corps d'une huile divine, parfumée de rose. Et Apollon le couvrait d'un nuage sombre, pour que le soleil ne le dessèche pas.

Toute la nuit, le bûcher flamba, et toute la nuit Achille répandit du vin sur le sol en invoquant l'âme de Patrocle. Quand, annonçant la lumière sur la terre, parut l'étoile du matin, après laquelle l'aurore se répand sur la mer, Achille fit éteindre le feu. Les os de Patrocle, recueillis, furent placés dans une urne d'or, et, par-dessus, ils entassèrent de la terre, de manière à former un tertre.

Les os de Patrocle furent placés dans une urne d'or.

Alors Achille organisa des jeux. De ses vaisseaux, il fit apporter des prix : des vases, des trépieds, des chevaux, des mules, de belles têtes de bétail, et des femmes à la belle ceinture, et du fer gris.

Ce fut d'abord la course de chars. Achille offrait des prix magnifiques : pour le premier, une femme sachant bien tisser et un trépied à anses de vingt-deux mesures ; pour le second, une jument de six ans, pleine d'un mulet ; et d'autres prix encore, jusqu'au cinquième arrivant… Les concurrents attelèrent leurs chevaux et s'alignèrent dans l'ordre du tirage au sort. Le sage et vieux Nestor vint donner des conseils à son fils Antiloque :

« Tu conduis bien les chars, mais les autres ont des chevaux plus rapides. Réfléchis donc bien, car la réflexion fait de meilleurs bûcherons que la force ; c'est par la réflexion que le pilote, sur la mer couleur de vin, mène son bateau secoué par les vents ; et c'est par la réflexion qu'un cocher l'emporte sur un autre cocher ! Ne quitte pas des yeux la borne[1] choisie par Achille : tourne autour d'elle au plus court ! Penche-toi à gauche pour aider, dans le tournant ; tiens ferme le cheval de gauche, mais rends les rênes à celui de droite, en l'aiguillonnant… Il faut que le moyeu semble effleurer la borne, mais évite de toucher la pierre, de peur de blesser tes chevaux et de fracasser ton char ! Ce serait une joie pour les autres, et la honte pour toi ! »

Ils donnèrent tous en même temps du fouet, et les chevaux dévorèrent la plaine, en s'éloignant des vaisseaux. La poussière s'élevait en nuages. En tête, Eumèle, expert à mener les chars. Mais, dans son dos, il sent le

1. Borne, *n. f.* : pierre qui marque l'endroit où les chars doivent tourner, dans une course.

souffle des chevaux de Diomède : Diomède va le dépasser ! Mais Phoïbos Apollon, irrité contre Diomède, lui fit tomber des mains son fouet ; et les larmes jaillirent des yeux de Diomède qui voyait Eumèle reprendre de l'avance. Athéna, cependant, avait vu faire Apollon. Elle accourut et rendit à Diomède son fouet, emplissant d'ardeur ses chevaux. Et, irritée, elle brisa le joug de l'attelage d'Eumèle. Ses juments s'écartèrent, tandis que le timon[1] tombait. Eumèle roula au sol, s'écorchant la bouche et le nez, le front donnant contre la terre. Ses yeux se remplirent de larmes. Diomède fit faire un écart à ses chevaux et prit la tête, distançant de loin tous les autres.

En second venait Ménélas, et, en troisième, Antiloque. Profitant d'un endroit où la piste se rétrécissait, Antiloque, poussant vivement

1. Timon, *n. m.* : longue pièce de bois disposée à l'avant du char, à laquelle on attelle les chevaux, un de chaque côté.

ses chevaux, de manière à gêner Ménélas, l'obligea à lui céder le passage, de peur d'un accident. Ménélas le couvrit d'injures et de malédictions…

Dès l'arrivée de Diomède, bon premier, son écuyer Sthénélos saisit le premier prix. Antiloque arrivait second, Ménélas seulement troisième. Eumèle arriva le dernier, traînant son char et poussant ses chevaux devant lui. À le voir, Achille en eut pitié :

Tu veux m'enlever mon prix…

« Le dernier est le meilleur ! Donnons-lui le second prix !… »

Mais Antiloque protesta :

« Achille, je serai très en colère contre toi, si tu fais cela ! Tu veux m'enlever mon prix… Donne-lui, si tu veux, un prix plus grand que le mien – tu as tant de richesses dans ta baraque ! –, mais celui-ci, il est à moi, et je ne le rendrai pas ! »

Le divin Achille sourit : Antiloque lui plaisait, c'était pour lui un ami cher. Il donna à Eumèle une cuirasse d'un grand prix.

Toi aussi, vieillard, conserve ceci en souvenir de Patrocle.

Ménélas, alors, se leva, plein d'une violente colère contre Antiloque :

« Jure par le maître de la terre, Poséidon, l'ébranleur du sol, que tu n'as pas volontairement et déloyalement gêné mon attelage ! »

Mais Antiloque répondit sagement :

« Calme-toi, seigneur Ménélas ! Tu connais les excès d'un jeune homme : chez lui le sang est vif et la réflexion légère. Je veux moi-même te donner le prix que j'ai gagné. Et si tu me demandais, de plus, un présent plus grand, j'aimerais mieux te le donner, plutôt que d'être fâché avec toi et coupable envers les dieux ! »

Et, conduisant la jument, le fils du noble Nestor la remit aux mains de Ménélas. Celui-ci aussitôt s'apaisa et, à son tour, il lui en fit cadeau, car Antiloque, son père et son frère avaient supporté de nombreux maux pour sa cause…

Après avoir distribué les autres prix, Achille offrit à Nestor le cinquième, qui restait, en le lui portant lui-même, pour lui rendre hommage :

« Toi aussi, vieillard, conserve ceci en souvenir des funérailles de Patrocle, car tu ne le verras plus parmi les Argiens. »

Bien d'autres épreuves suivirent : pugilat[1], lutte, où l'on ne put départager Ulysse et Ajax, fils de Télamon – il fallut leur donner des prix égaux ; course à pied, gagnée de justesse par Ulysse devant Ajax, fils d'Oïlée, que Pallas Athéna fit glisser dans la bouse des bœufs sacrifiés en l'honneur de Patrocle… Et, en la recrachant, il se lamentait :

« Oh, pô, pô, dis… Elle m'a bien embrouillé les pieds, la déesse qui, comme une mère, est tout le temps auprès d'Ulysse et lui porte secours !… »

Et tous, en l'entendant, se mirent à rire de bon cœur.

---

1. Pugilat, *n. m.* : combat sportif à coups de poing, comparable à la boxe. Pour affermir leurs poignets et alourdir leurs coups, les pugilistes enroulaient autour de leurs mains des cestes, lanières de cuir garnies, à l'extérieur, de pointes de métal.

« Ô mon époux, tu as péri en pleine jeunesse… »

PRIAM 16

VIENT SUPPLIER ACHILLE ET RACHETER LE CORPS D'HECTOR

Mais les funérailles et les jeux n'apaisaient pas le cœur d'Achille. Le sommeil qui vient à bout de tout ne venait pas pour lui. Il se tournait en tous sens, pleurant Patrocle à grosses larmes. Ou bien, le cœur rempli de chagrin, il errait le long de la mer. Mais, quand l'aube touchait la mer et le rivage, il attelait à son char ses chevaux rapides, et, derrière, il attachait par les pieds le corps d'Hector. Trois fois, il le traînait autour du tombeau de Patrocle, puis, le laissant la face dans la poussière, il rentrait dans sa baraque.

Apollon, cependant, avait pitié d'Hector, même mort : il empêchait son corps de s'abîmer et la peau de se déchirer. Quand vint la douzième aurore, il s'adressa aux immortels :

« Dieux, vous êtes cruels et malfaisants ! Hector ne brûlait-il pas pour vous des cuisses de bœufs et de chèvres ? Et maintenant qu'il est mort, vous ne levez pas un doigt pour que son épouse, sa mère, son enfant, son père Priam et son peuple puissent le voir encore et célébrer ses funérailles !… »

Dieux, vous êtes cruels !

Zeus alors envoya Thétis auprès d'Achille :

« Mon fils, les dieux s'indignent, et Zeus lui-même plus que les autres, de te voir, comme un furieux, garder Hector près des vaisseaux courbes et refuser de le rendre. Rends-le, et accepte la rançon de son cadavre ! »

À Priam, Zeus envoya Iris aux pieds rapides comme la tempête :

« Zeus s'inquiète de toi et te plaint. Il t'ordonne d'aller racheter le divin Hector et de porter à Achille des présents qui charment son cœur. N'emmène qu'un héraut et ne crains rien car tu auras pour guide Hermès en personne. Achille ne te tuera pas : il respectera un suppliant. »

Priam, alors, fit préparer un chariot plein d'or et de riches présents pour Achille et, sous la conduite d'Hermès, à la tombée de la nuit, il arriva près du rempart des Achéens. Hermès endormit les gardes et mena Priam dans le camp, jusqu'à la baraque d'Achille. Celui-ci achevait à l'instant son repas : il avait encore sa table près de lui.

Personne ne vit entrer Priam. Il s'approcha d'Achille, prit ses genoux et baisa ses mains terribles et meurtrières qui lui avaient tué tant de fils. Achille et ses compagnons étaient saisis de stupeur. Priam, en suppliant, prit la parole :

« Souviens-toi de ton père, Achille semblable aux dieux, car il a le même âge que moi : il est sur le seuil fatal de la vieillesse. Mais lui, il sait que tu es vivant et il espère, de jour en jour, voir son fils revenir de Troie. Moi, mon malheur est complet. Car j'avais engendré des fils braves, or j'ai le sentiment qu'il ne m'en reste pas un seul. Et j'en avais cinquante ! La plupart, Arès impétueux a rompu leurs genoux. Le seul qui me restait, tu viens de le tuer, alors qu'il combattait pour sa patrie, Hector... Et maintenant je suis venu pour le racheter, je t'apporte une immense rançon. Respecte les dieux, Achille, souviens-toi de ton père, aie pitié ; j'en ai plus besoin que lui car j'ai enduré ce qu'aucun mortel sur la terre n'a enduré : j'ai porté à mes lèvres les mains de l'homme qui a tué mes enfants. »

Il dit et fit naître ainsi chez Achille l'envie de pleurer sur son père. Tous deux se souvenaient : Priam, prosterné, pleurait sur Hector ; Achille pleurait sur son père, et sur Patrocle, aussi. Achille, quand il fut rassasié de larmes, eut pitié du vieillard. Le prenant par la main, il le fit asseoir, tandis qu'il ordonnait aux captives de laver et de vêtir Hector ; et il le rendit à son père, en promettant de suspendre les combats durant le temps nécessaire aux funérailles.

Avant l'aube, Hermès vint rechercher Priam et son héraut pour les faire sortir du camp achéen. Près du Xanthe tourbillonnant, tandis que l'Aurore à la tunique de safran se répandait sur toute la terre, il les quitta pour remonter dans l'Olympe, et eux, tout en pleurant, regagnèrent Troie. Là, ils déposèrent Hector dans sa maison, sur un lit sculpté, et firent venir les chanteurs pour entonner le thrène[1]. Andromaque aux bras blancs, tenant entre ses mains la tête d'Hector le tueur d'hommes, commença les lamentations funèbres :

Hermès les quitta pour remonter dans l'Olympe.

« Ô mon époux, tu as péri en pleine jeunesse et tu m'as laissée veuve dans ta maison. L'enfant que nous avons eu, toi et moi, est encore petit, et je ne pense pas qu'il grandira : notre ville sera prise et détruite avant, maintenant que tu n'es plus là !… En mourant, tu ne m'auras pas tendu les bras et tu ne m'auras pas dit une parole forte, à me rappeler nuit et jour en versant des larmes… »

Et Hécube, à son tour, entonna une lamentation :

1. Thrène, *n. m.* : lamentation funèbre.

« Hector, mon cœur te préférait de beaucoup, parmi mes enfants. Vivant, déjà, tu étais aimé des dieux ; et ils ont veillé sur toi, même mort ! Achille t'a traîné cent fois autour du tombeau de Patrocle, son ami, que tu avais tué – il ne l'a pas ressuscité pour autant ! –, et te voilà maintenant couché dans ta maison, comme celui à qui Apollon à l'arc d'argent donne de ses flèches une mort douce !... »

Vivant, déjà, tu étais aimé des dieux.

Hélène, la troisième, entonna une lamentation :

« Hector, mon cœur te préférait de beaucoup parmi mes beaux-frères, puisque le divin Pâris est mon époux, lui qui m'a amenée à Troie – il aurait mieux valu que je meure avant ! Si quelqu'un me critiquait, tu me défendais... C'est pourquoi je te pleure, moi, malheureuse, qui n'aurai plus de défenseur ni d'ami dans la vaste Troade, car tous m'ont prise en horreur... »

Ensuite, pendant neuf jours, les Troyens amassèrent du bois et construisirent un bûcher devant la ville. Le dixième, ils y brûlèrent le corps d'Hector. Et quand parut la fille du matin, l'Aurore aux doigts de rose, le peuple s'assembla autour du bûcher de l'illustre Hector. Ses frères et ses amis, gémissant, recueillirent ses os, les placèrent dans un coffret d'or, l'enveloppèrent de fins tissus de pourpre et le mirent dans une fosse qu'ils couvrirent de larges pierres. Par-dessus, ils entassèrent de la terre, de manière à former un tertre. Puis ils se réunirent pour un banquet solennel dans le palais de Priam, leur roi élevé par Zeus.

C'est ainsi qu'ils célébrèrent les funérailles d'Hector, dompteur de chevaux.

PETIT DICTIONNAIRE DE L'*ILIADE*

ACHÉENS : Dans l'*Iliade* et dans l'*Odyssée*, le nom désigne les Grecs en général. Ils sont aussi appelés *Argiens* et *Danaens*.

ACHILLE : Souvent appelé, dans l'*Iliade*, « Achille aux pieds rapides », à cause de sa vitesse à la course. Il est le fils d'un roi thessalien, Pélée, et de Thétis, une divinité marine ; c'est le meilleur guerrier parmi les Achéens qui assiègent Troie.

AGAMEMNON : Fils d'Atrée, et frère de Ménélas, il est le général en chef de l'expédition achéenne contre Troie.

AIGUES ou **ÈGES** : Palais de Poséidon.

AJAX : Nom de deux princes achéens, combattant devant Troie : Ajax, fils de Télamon, dit « le grand Ajax », et Ajax, fils d'Oïlée.

AMAZONES : Peuple de femmes guerrières, combattues par Bellérophon.

ANCHISE : Prince troyen, aimé de la déesse Aphrodite. Elle a eu de lui un fils, Énée (voir ce nom).

ANDROMAQUE : Épouse d'Hector.

ANTILOQUE : Jeune Achéen, fils de Nestor.

APHRODITE : Déesse de l'Amour. Elle protège Pâris.

APOLLON (Apollon également chez les Latins) : « Phoïbos Apollon, Apollon le brillant », fils de Zeus et de Lêtô, il est le dieu du soleil, de la médecine et de la poésie. C'est un dieu archer, dont les flèches figurent les rayons du soleil. Il est le frère d'Artémis-Phoïbê, déesse de la lune. Dans l'*Iliade*, il soutient les Troyens.

ARÈS (Mars chez les Latins) : Dieu de la guerre, fils de Zeus et d'Héra, amant de la déesse Aphrodite. Il est souvent présenté comme un personnage antipathique, dépourvu, hormis la bravoure, de toute qualité humaine et, en particulier, de toute capacité de réflexion. Il est l'exact opposé d'Athéna, la déesse de l'intelligence, guerrière pourtant, elle aussi. Dans l'*Iliade*, il soutient les Troyens.

ARGIENS : Habitants d'Argos. Dans l'épopée, ce nom désigne les Achéens en général. Hélène est parfois nommée « Hélène l'Argienne ».

ARGOS : Ville du Péloponnèse ; Agamemnon est roi d'Argos.

ARGOLIDE : La région d'Argos.

ASTYANAX : Fils d'Hector et d'Andromaque. C'est un tout petit enfant. En grec, ce nom signifie « Prince de la Cité ». C'est un terme d'affection (un peu comme « Le Petit Prince ») que les Troyens emploient parce qu'ils considèrent Hector comme le principal protecteur de l'état. Le véritable nom de l'enfant est *Scamandrios*, d'après le nom du fleuve *Scamandre*.

ATHÉNA (Minerve chez les Latins) : Quelquefois surnommée « la vierge aux yeux brillants » ou « la pilleuse », c'est la déesse de l'intelligence et de la raison, mais aussi de la ruse : dans l'*Iliade*, elle combat aux côtés des Achéens. Elle est, par ailleurs, la patronne de la ville d'Athènes, qui lui doit son nom.

ATRÉE : Père d'Agamemnon et de Ménélas, il haïssait son frère Thyeste, à qui il fit manger ses enfants à son insu. Il donne son nom à la famille des Atrides, « les fils d'Atrée », dans laquelle se succéderont les crimes sanglants.

ATRIDES : « Fils d'Atrée » au sens large ; au sens propre, dans l'épopée, Agamemnon et Ménélas.

AURORE (L') : Toujours « aux doigts de rose », « au trône d'or » ou « à la robe de safran », à cause des couleurs du ciel au lever du soleil.

BELLÉROPHON : Héros légendaire, vainqueur de la chimère (voir ce mot).

BRISÉIS : Captive d'Achille.

CALCHAS : Devin de l'armée achéenne.

CHIMÈRE : Monstre légendaire abattu par Bellérophon, en Lycie.

CHRYSÈS : Prêtre d'Apollon. Sa fille, Chryséis, est la captive d'Agamemnon au début de l'*Iliade*.

CITHARE, *n. f.* : Instrument à cordes pincées, comme la lyre, mais qu'il ne faut pas confondre avec elle. On pouvait aussi en jouer avec un plectre. La caisse de résonance de la lyre antique était une écaille de tortue (ou une imitation), recouverte d'une peau tendue. Au contraire, dans la cithare et dans la phorminx, elle était formée par le corps de l'instrument lui-même, sans peau tendue.

CLYTEMNESTRE : Épouse d'Agamemnon.

CRONIDE : « Fils de Cronos », surnom de Zeus.

CRONOS : Également appelé « le Fourbe ». C'était le dieu suprême, mais il a été détrôné par son fils Zeus, qui a pris sa place.

CUIRASSE, *n. f.* : Pièce d'armement défensif : vêtement renforcé de cuir ou de métal, ou entièrement constitué de métal, ayant pour fonction de protéger le thorax. Comme le nom l'indique, les premières cuirasses étaient faites de cuir, et seuls les combattants les plus riches pouvaient s'offrir des cuirasses entièrement métalliques. Mais, si elles protégeaient mieux, celles-ci ralentissaient la course à cause de leur poids.

DANAENS : Les descendants de Danaos, roi légendaire d'Argos. Dans l'épopée, les Grecs en général.

DARDANIENS : Les descendants de Dardanos, ancien roi légendaire de la Troade, fondateur de la citadelle de Troie. C'est du nom de Dardanos que vient le nom du détroit des *Dardanelles* ou *Hellespont*, près duquel se trouvait Troie.

DIOMÈDE : « Fils de Tydée », prince achéen, ami d'Ulysse.

DISCORDE : En grec *Éris*, déesse qui met la zizanie.

DOT, *n. f.* : Le mot peut désigner les cadeaux que fait un prétendant au père d'une jeune fille qu'il veut obtenir en mariage. Il désigne plus souvent ceux que le père de la jeune fille fait à son gendre, quand le mariage est conclu.

ÉBRANLEUR DU SOL : Épithète de Poséidon. Zeus est le dieu du ciel, Hadès celui du monde souterrain, Poséidon est le dieu de l'entre-deux, c'est-à-dire de la mer et de la surface du monde en général. C'est lui qui, des coups de son trident, provoque les tremblements de terre.

ÉGIDE, *n. f.* : Armure ou bouclier fait de la peau de la chèvre dont le lait avait nourri Zeus, dans son enfance, en Crète. La déesse Athéna est souvent représentée la portant sur les épaules, comme une sorte de pèlerine. C'est une arme redoutable, qui sème la panique chez ceux aux yeux de qui elle est agitée. Zeus, dans l'*Iliade*, la confie à Apollon pour mettre en déroute les Achéens.

ÉNÉE : Prince troyen, fils de la déesse Aphrodite et du mortel Anchise. Selon la légende reprise par les Romains, il quitte Troie après la défaite et va s'installer avec son fils, Iule ou Ascagne, en Italie, où il est à l'origine lointaine de la fondation de Rome. C'est le sujet de l'*Énéide*, l'épopée latine de Virgile.

GLAUCOS : Prince lycien, petit-fils de Bellérophon, et cousin de Sarpédon.

HADÈS (Pluton chez les Latins) : Dieu des enfers, le séjour des morts. Son nom désigne aussi ce lieu mythique lui-même ; on disait que les morts étaient *chez Hadès*, ou *dans* l'Hadès.

HÉBÉ : Déesse de la jeunesse, fille de Zeus et d'Héra.

HECTOR : Prince troyen, l'un des cinquante fils de Priam, roi de Troie... C'est lui qui mène la guerre.

HÉCUBE : Reine de Troie, épouse de Priam, mère d'Hector.

HÉLÈNE : Épouse du roi de Sparte Ménélas, dont l'enlèvement par le Troyen Pâris fut la cause de la guerre de Troie. Dans l'*Iliade*, elle est parfois appelée « Hélène l'Argienne », comme les Achéens sont parfois appelés *Argiens*.

HELLESPONT : L'actuel détroit des Dardanelles.

HÉPHAÏSTOS (Vulcain chez les Latins) : Dieu du feu et de l'habileté, artiste, forgeron et orfèvre, époux d'Aphrodite.

HÉRA (Junon chez les Latins) : Sœur et épouse de Zeus, déesse du mariage légitime. Dans l'*Iliade*, elle soutient les Achéens. Quand elle va au combat avec Athéna, c'est elle qui conduit le char.

HERMÈS (Mercure chez les Latins) : Messager des dieux, et, avant tout, de Zeus, il est aussi le dieu des commerçants et des voleurs. En tant que messager, il est porteur d'une baguette d'or, emblème du héraut, de sandales ailées et d'un chapeau de voyage. Mais il est aussi chargé d'escorter vers l'Hadès les âmes des morts, et c'est déjà un peu à ce titre qu'il accompagne Priam, quand celui-ci va racheter le cadavre d'Hector.

HOSPITALITÉ, *n. f.* : Trait de caractère ou attitude sociale et religieuse qui fait que l'on se montre accueillant envers les étrangers. Dans la Grèce antique, comme, en général, dans beaucoup de civilisations traditionnelles, un voyageur de passage était accueilli avec sympathie et curiosité. Il pouvait s'établir des relations régulières d'hospitalité réciproque entre familles de cités différentes, parfois sur plusieurs générations. Pour disposer d'un signe de reconnaissance, on cassait alors un anneau ou un morceau de poterie, qui pouvait être ultérieurement transmis aux enfants. Le réajustement des deux parties prouvait que les porteurs de chacune d'entre elles étaient liés par une relation d'hospitalité. La tradition orale et les récits familiaux pouvaient dispenser de cette formalité.

IDA : Montagne de Troade.

IDOMÉNÉE : Roi de Crète, ancien prétendant d'Hélène. Il combat avec les Achéens.

ILION : Autre nom de la ville de Troie ; c'est lui qui explique le titre de l'« Iliade ».

LYCIE : Région du sud-ouest de l'Asie Mineure, d'où sont originaires Glaucos et Sarpédon.

MÉNÉLAS : Roi de Sparte, époux d'Hélène ; c'est son frère Agamemnon qui est commandant en chef de l'expédition achéenne contre Troie.

MÉNOÏTIOS : Père de Patrocle.

MUSES : Divinités qui président aux activités intellectuelles et artistiques, en particulier à la *musique* (*art des Muses*), et à la poésie, en inspirant l'aède. Elles sont filles de Zeus et de Mémoire. À l'époque classique, la mythologie compte neuf Muses. L'*Iliade* et l'*Odyssée* commencent toutes deux par une prière à la *Muse*, au singulier, peut-être Calliope, puisque c'est elle qui fut considérée par la suite comme la patronne de la poésie épique.

MYCÈNES : Ville du Péloponnèse, non loin d'Argos, où l'on a retrouvé certains des vestiges les plus significatifs de la civilisation qui fut florissante en Grèce entre le XVIe et le XIIe siècle av. J.-C., et qui a reçu, pour cette raison, le nom de *mycénienne* ; sa langue était le grec *mycénien*. Les Achéens de l'*Iliade* et de l'*Odyssée* appartenaient sans doute, dans l'imagination du poète, à cette civilisation. Mais le déchiffrement du mycénien et les découvertes archéologiques donnent à penser que, le plus souvent, le poète décrit en réalité, sans le savoir, des objets et des pratiques d'une époque plus récente, les Xe et IXe siècles av. J.-C.

MYRMIDONS : Le peuple d'Achille.

NESTOR : Personnage de l'*Iliade* et de l'*Odyssée*, roi de Pylos, sur la côte ouest du Péloponnèse. Dans l'*Iliade*, il est déjà très âgé, c'est lui le sage de l'armée.

OCÉAN : Dans la mythologie, fleuve qui entoure la terre. Les Anciens, considérant le détroit de Gibraltar comme le bout du monde, appelèrent « Océan » la mer qu'ils voyaient au-delà.

OLYMPE : Montagne de Thessalie ; dans la mythologie, c'est le séjour de certains grands dieux, comme

Zeus, que l'on appelait donc les *Olympiens*.

OLYMPIEN, *adj.* : Qui a sa résidence sur le mont Olympe.

PALLAS : Autre nom de la déesse Athéna. Les deux noms sont souvent associés : Pallas Athéna.

PANACHÉENS : Tous les Achéens pris dans leur ensemble.

PÂRIS (ou *Alexandre*) : Prince troyen, fils du roi Priam, c'est un coureur de femmes et un guerrier médiocre. Pour avoir enlevé Hélène à son époux Ménélas, il est responsable de la guerre, et les Troyens le haïssent à cause de cela ; mais la déesse de l'amour, Aphrodite, le protège.

PATROCLE : Fils de Ménoïtios. Ami d'Achille, il revêt les armes de celui-ci pour mener les Myrmidons au combat et repousser les Troyens, mais il est finalement tué par Hector, aidé par l'intervention d'Apollon.

PÉLÉE : Roi de Phthie, en Thessalie, père d'Achille, qui est souvent appelé Péléide, c'est-à-dire *fils de Pélée*.

PÉLÉIDE : Fils de Pélée (voir ce nom).

PHOÏBOS : Voir *Apollon*.

PHTHIE : Région du sud-est de la Thessalie, sur laquelle règne le père d'Achille, Pélée.

POSÉIDON (Neptune chez les Latins) : Dieu de la mer et des eaux, mais aussi de la surface de la terre, qu'il fait trembler en la frappant de son trident. Il est le frère de Zeus, le roi des dieux, dont le domaine est le ciel lumineux ou orageux, et d'Hadès, dieu des morts, dont le domaine est le monde souterrain. Il est donc à la fois le frère et le beau-frère d'Héra, à laquelle il est allié, dans l'*Iliade*, pour soutenir les Achéens.

PRIAM : Roi de Troie ; au moment de la guerre, il est âgé, c'est donc l'un de ses fils, Hector, qui mène les Troyens au combat.

PRIAMIDE : Fils de Priam. Hector est l'un des Priamides.

PROÏTOS : Roi péloponnésien. Sa femme ayant accusé Bellérophon d'avoir tenté de la séduire, il envoie celui-ci en Lycie, pour qu'il y soit mis à mort.

PYLOS : Ville de Nestor, sur la côte ouest du Péloponnèse, au bord d'une rade exceptionnelle.

RHÉSOS : Roi thrace allié des Troyens. Ulysse et Diomède le tuent au cours d'une expédition nocturne contre son campement.

SAMOTHRACE : Île du nord de la mer Égée, non loin de la Troade.

SARPÉDON : Prince lycien, fils de Zeus et d'une mortelle, petit-fils de Bellérophon par sa mère, et cousin de Glaucos.

SCAMANDRE : Fleuve de Troade : le même que le Xanthe.

SCÉES (LES PORTES) : Portes dans le rempart de Troie. Mot à mot : les Portes ouest, c'est-à-dire celles qui regardaient du côté de la mer et du camp des Achéens.

SISYPHE : Fils d'Éole, dieu des vents, grand-père de Bellérophon.

SOLEIL : Voir *Apollon*.

SOLYMES : Peuple belliqueux, voisin de la Lycie, vaincu par Bellérophon.

SOMMEIL (en grec *Hypnos*) : Dieu du sommeil, jumeau de Thanatos, dieu de la mort.

SPARTE : Ville du Péloponnèse, sur laquelle règne Ménélas. On l'appelle aussi Lacédémone.

STYX : Fleuve horriblement glacial des enfers. C'est par lui que les dieux prêtent le plus inviolable des serments.

SUPPLIANT, *n. m.* : Le suppliant prend les genoux de celui qu'il supplie (pour l'empêcher de s'en aller) et il lui prend la barbe ou il lui touche le menton, pour l'obliger à le regarder. C'est ce qui explique le geste de refus qui se pratique de nos jours encore en Grèce et en Turquie : on relève la tête en fermant les yeux, avec un léger claquement de langue ; inutile d'insister : on ne veut même pas baisser les yeux vers vous. À l'époque classique, le suppliant s'assoit sur l'autel des sacrifices, dans un sanctuaire. En principe, il jouit alors d'un droit d'asile inviolable et sacré.

TABLETTES, *n. f.* : À l'époque archaïque, le papier, fabriqué en Égypte à partir du papyrus était inconnu en Grèce ou coûtait trop cher pour l'usage courant. On utilisait des tablettes de bois enduites de cire, dans laquelle on gravait les lettres à l'aide d'un stylet métallique. On pouvait ensuite effacer en amollissant la cire à la chaleur pour la rendre lisse. On employait pour la correspondance deux tablettes assemblées par une charnière ou un lien : les faces écrites se rabattaient l'une sur l'autre, un lien fermait l'ensemble. Il suffisait à l'expéditeur d'y apposer un cachet de cire marqué de son sceau pour garantir l'authenticité et le secret de la correspondance. Pour ouvrir les tablettes et les lire, le destinataire devait briser le cachet.

TARTARE : Lieu d'obscurité et d'immobilité situé dans les profondeurs du monde, et dans lequel sont enchaînés, vaincus, les adversaires de la toute-puissance divine de Zeus. Il ne faut pas le confondre avec l'Hadès : le Tartare est « aussi loin au-dessous de l'Hadès que la terre est au-dessous du ciel ».

THÉTIS : Néréide (divinité marine secondaire), mère d'Achille. Elle fut unie de force à un mortel (Pélée) par les autres dieux, car un oracle annonçait qu'il naîtrait d'elle un fils plus puissant que son père.

THRACE : Région du sud-est de l'Europe, riveraine de la Propontide (l'actuelle mer de Marmara) et de la mer Égée. Elle est actuellement partagée entre la Grèce, la Turquie et la Bulgarie. Ses habitants sont appelés les Thraces.

TRÉPAS (en grec *Thanatos*, la mort) : Divinité secondaire, personnification de la mort. Thanatos (le nom est masculin en grec) est frère jumeau d'Hypnos, le Sommeil.

TROADE : La région de Troie.

TROIE, ou Ilion (d'où le nom de l'*Iliade*) : Ville légendaire de l'Asie, près de l'extrémité sud-ouest de l'Hellespont, l'actuel détroit des Dardanelles.

TYDÉE : Père de Diomède, l'ami d'Ulysse.

ULYSSE : Fils de Laërte, roi d'Ithaque, l'homme aux milles ruses.

XANTHE : Fleuve de la région de Troie, également appelé *Scamandre*.

ZEUS : Le plus grand et le plus puissant des dieux dans la religion grecque. C'est le dieu du ciel lumineux, mais il peut aussi devenir orageux : sous le nom de Zeus tonnant, il foudroie ceux qui s'opposent à lui. Sous le nom de Zeus Olympien, il est le dieu tout-puissant. Certains dieux sont ses frères (Poséidon, Hadès) et sœurs (Héra, qui est aussi son épouse), d'autres sont ses enfants (Apollon, Artémis, Hermès, Athéna, Aphrodite suivant certaines versions du mythe), d'où l'appellation de « père des dieux et des hommes ». Sa toute-puissance a cependant pour borne le destin, qu'il ne peut ou ne veut jamais modifier.

Table des matières

Romain Slocombe

Influences

Les livres illustrés de son enfance,
les aventures de Tintin et celles de Blake et Mortimer,
l'Extrême-Orient (le Japon surtout),
les romans policiers,
en commençant par Sherlock Holmes.

Amours

Voir ci-dessus, et sa fille Miyako.

Haines

Le racisme, l'autoritarisme, le conformisme.
Il ne hait personne,
seulement les sentiments négatifs.

Parcours

Né à Paris en 1953.
Après l'école des Beaux-Arts,
il publie ses premières illustrations
(de science-fiction) dans la revue *Galaxie*.
En 1977, il découvre le Japon,
où il retournera très souvent.
Il est l'auteur de bandes dessinées,
chez Futuropolis et Albin Michel,
et a illustré de nombreux romans pour la jeunesse.

Envies

Faire encore des livres, visiter la Chine,
retourner voir les îles grecques,
et, un jour, vivre au Japon, où il a ses meilleurs amis.

N° d'Éditeur 10035184 (V) 21 OSBV 90°
Dépôt légal : juin 1996
MAME Imprimeurs à Tours
Loi numéro 49 956 du 16 juillet 1949
sur les publications destinées à la jeunesse
ISBN 2-09-282112-1

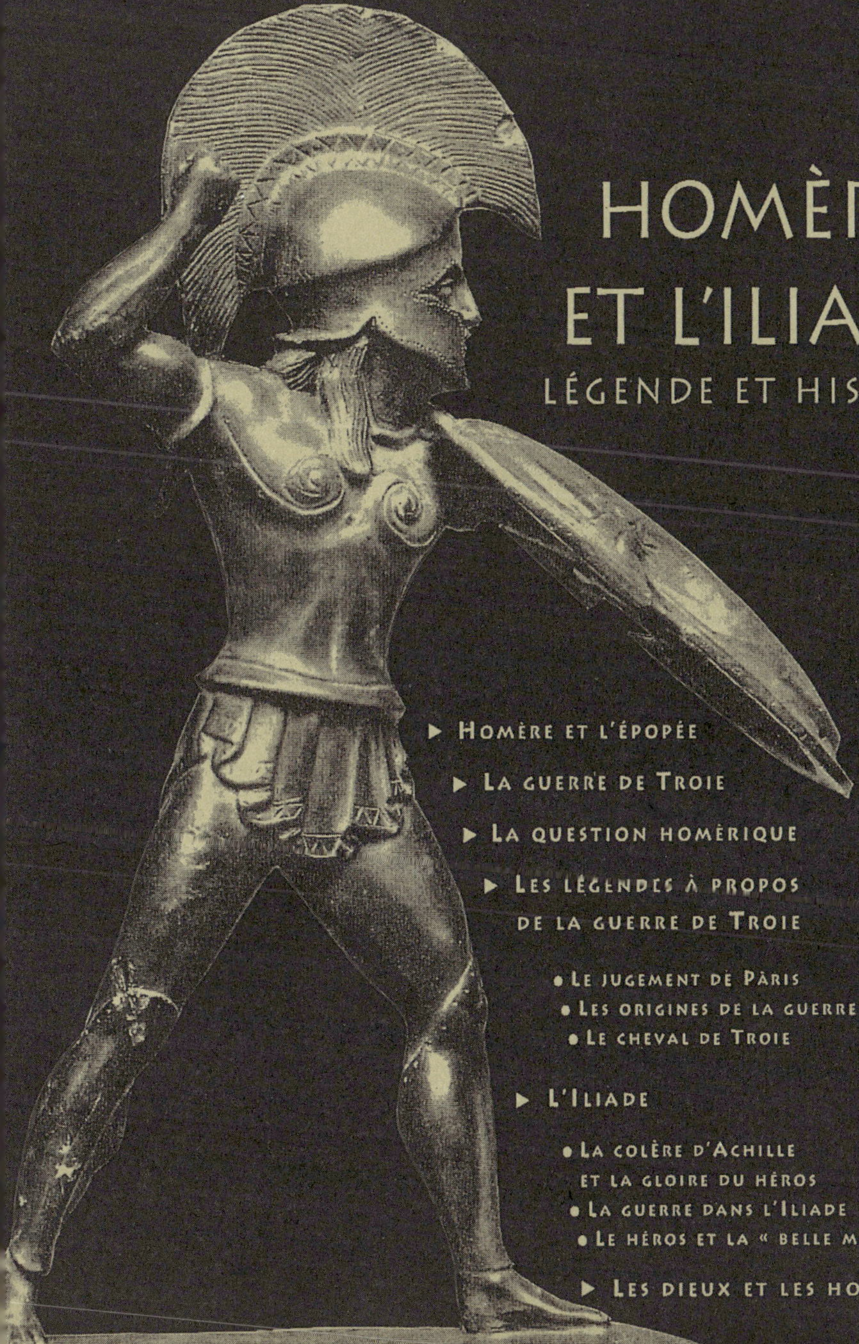

HOMÈRE ET L'ILIADE

LÉGENDE ET HISTOIRE

Crédits photographiques :
Staatliche Museen (Berlin) : 1, 3 ; Arch. Nathan/D.R. : 4, 5 ; Arch. Nathan/B.N. : 6 ; Arch. Nathan/Giraudon : 7 ; Roger-Viollet/Anderson : 9 ; *Iliade*, éd. Victor Magnien, Classiques Hachette : 10 ; Arch. Nathan : 11, 14 ; Roger-Viollet : 12, 13 ; Boudot-Lamotte : 16.

HOMÈRE ET L'ÉPOPÉE

L'*Iliade* et l'*Odyssée* sont deux épopées grecques très anciennes. Elles sont souvent traduites ou adaptées, comme ici, en prose. Mais il faut se rappeler que ce sont des poèmes : elles ont été composées dans une forme spéciale et non pas dans la langue de tous les jours, ni dans celle que l'on employait pour raconter simplement une histoire.

Une épopée est un long poème qui raconte les exploits de princes d'un lointain passé, des « héros », dans les aventures desquels interviennent des dieux ou des monstres. L' Iliade compte plus de quinze mille vers, l'Odyssée environ douze mille.

Maîtres et élèves

Le texte de l'*Iliade* et de l'*Odyssée*, tel que nous le possédons aujourd'hui, est à peu près celui que l'on récitait à l'occasion des grandes fêtes, à Athènes, au VIe siècle avant J.-C. On avait alors pour Homère, que l'on tenait pour un poète aveugle du VIIIe siècle avant J.-C., une si grande admiration que les cités grecques se disputaient l'honneur d'avoir été sa patrie.

En réalité, on sait peu de choses sur lui. On ignore son lieu et sa date de naissance. Mais il est possible qu'il ait vécu et exercé son art au VIIIe siècle av. J.-C., dans les cités grecques de la côte de l'Asie Mineure.

L'*Iliade* et l'*Odyssée* se rattachent à une très ancienne poésie orale : dans une fête ou un banquet, un *aède* (un *chanteur*) récitait un épisode d'une ancienne légende, en s'accompagnant d'une cithare et en composant au fur et à mesure.
Il puisait dans une réserve d'histoires apprises par cœur, et il improvisait, brodait, ajoutait de nouveaux morceaux, en composant des vers comme il avait appris à le faire auprès d'un maître. Homère fut peut-être un de ces aèdes.

LA GUERRE DE TROIE

Le cheval de Troie

Ce sont les récits légendaires de la guerre de Troie qui fournissent leur matière à l'*Iliade* et à l'*Odyssée*. Il se peut qu'il y ait eu une guerre de Troie vers le début du XIIIe siècle (1270 ?) avant J.-C., mais rien ne le prouve d'une façon certaine.

Les anciens Grecs croyaient que leurs ancêtres achéens, conduits par le roi d'Argos, Agamemnon, avaient mené une expédition afin de s'emparer de Troie et de la détruire. Après l'enlèvement de la belle Hélène par le prince troyen Pâris, il s'agissait de la reprendre et de la rendre à son époux Ménélas, roi de Sparte, et frère d'Agamemnon. Et les aèdes chantaient les aventures de héros qu'ils croyaient être les combattants de cette guerre-là, et leur retour chez eux.

La question homérique

C'est probablement vers le VIIIe siècle avant J.-C. que l'*Iliade*, puis, un peu plus tard, l'*Odyssée*, furent composées. Il est très probable qu'à la même époque, et peut-être même avant, il y eut d'autres poèmes composés sur les mêmes thèmes : « Colère d'Achille » et « Retour et vengeance d'Ulysse ». Mais l'*Iliade* et l'*Odyssée* devaient être les plus beaux de ces poèmes, ou bien elles ont eu plus de chance : les autres ont disparu, tandis qu'elles nous ont été conservées.

Est-ce l'œuvre d'un seul poète ou de plusieurs ? C'est la « question homérique ». Les savants ne sont pas d'accord : pour certains, un seul poète, Homère, a créé dans sa jeunesse l'*Iliade*, et dans sa vieillesse l'*Odyssée* ; pour d'autres, les différences entre les deux poèmes sont trop grandes, et il n'est pas possible qu'ils aient été composés à la même époque ni par le même homme. Malgré tout, par souci de commodité, on continuera, ici, à suivre la tradition et à parler d'Homère comme d'un seul homme.

LES LÉGENDES

À PROPOS DE LA GUERRE DE TROIE

LE JUGEMENT DE PÂRIS

Furieuse de ne pas avoir été invitée au banquet des noces de Thétis et de Pélée, Éris, la Discorde, plaça sur la table, avant le début du repas, une pomme d'or (la « pomme de Discorde ») portant cette dédicace : *À la plus belle*. On imagine la dispute parmi les déesses pour savoir à qui elle devait être attribuée ! Mais, bien vite, il ne resta plus en concurrence qu'Héra, Athéna et Aphrodite. Comme aucun dieu n'osait les départager, Zeus ordonna de prendre pour arbitre Pâris, un prince troyen qui vivait en simple berger sur le mont Ida. Pour obtenir le prix, chacune des trois déesses lui promit monts et merveilles : Héra promit l'empire de l'Asie, tandis qu'Athéna promettait la sagesse et la victoire. Aphrodite, elle, promit l'amour de la plus belle des mortelles : Hélène de Sparte. Et Pâris attribua la pomme à Aphrodite.

LES ORIGINES DE LA GUERRE

Hélène, la fille de Tyndare, le roi de Sparte, était si belle que tous les princes de la Grèce la voulaient pour épouse. Son père, embarrassé, leur fit prêter un serment : Hélène choisirait elle-même son mari, et tous respecteraient son choix. Mieux, si quelqu'un venait à l'enlever, ils s'allieraient tous contre le ravisseur, pour aider son mari à la reprendre. C'est ainsi qu'Hélène choisit Ménélas, qui, après son beau-père, devint à son tour roi de Sparte.

Quand Pâris, favorisé par la déesse Aphrodite, vint à Sparte séduire et enlever Hélène, Ménélas rappela leur promesse aux anciens prétendants. Tous les princes de la Grèce achéenne participèrent donc à une grande expédition sous le commandement d'Agamemnon, le frère de Ménélas, pour attaquer Troie et reprendre Hélène.

LE CHEVAL DE TROIE

Arrivés en Troade, les Achéens mirent le siège devant la ville, ravageant et pillant toute la région. Mais, au bout de dix ans, Troie résistait toujours. C'est alors que la déesse Athéna inspira une ruse à Ulysse. Les Grecs construisirent un énorme cheval de bois, dans le ventre duquel ils cachèrent leurs meilleurs guerriers. Le reste de l'armée fit semblant de se rembarquer pour rentrer au pays, en abandonnant le cheval dans la plaine.

Un espion grec, resté là tout exprès, réussit à tromper les Troyens : le cheval, disait-il, était une offrande à Pallas Athéna, et ses dimensions devaient empêcher les Troyens de le faire entrer dans leur ville, car, dans ce cas, ce seraient eux qui, à leur tour, porteraient la guerre en Grèce.

À cette nouvelle, les Troyens s'empressent de démolir un pan de leur muraille et font entrer le cheval. Ainsi, dès la nuit venue, les guerriers grecs, sortant des flancs de la bête, se dispersent partout, répandant l'incendie et le massacre dans Troie endormie.

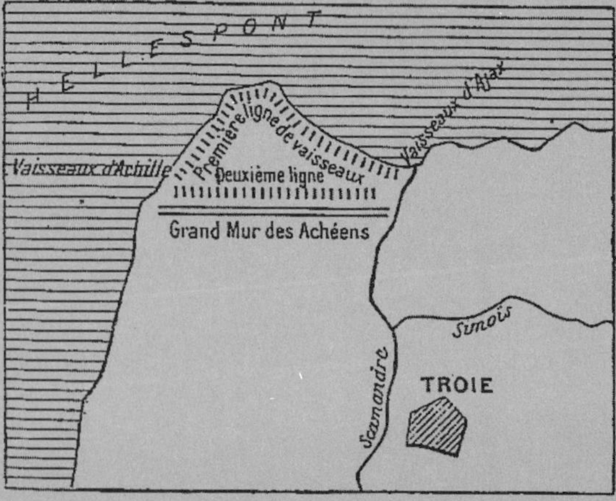

Troie et le camp des Achéens

L'ILIADE

LA COLÈRE D'ACHILLE ET LA GLOIRE DU HÉROS

De cette guerre de dix ans, l'*Iliade* ne raconte qu'un bref épisode : une querelle qui éclate entre Agamemnon et Achille, et ses conséquences. Furieux, le plus vaillant et le plus redoutable des guerriers grecs, Achille, décide qu'il cessera de combattre jusqu'à ce que justice lui soit rendue : il se retire « sous sa tente », ou, plutôt, dans sa *baraque*. Il faut en effet imaginer le camp retranché des Achéens comme une sorte de ville provisoire, aménagée près des vaisseaux tirés au sec sur le rivage.

Achille ne reprendra le combat qu'après la mort de son ami Patrocle, tué par Hector. Mais, à la fin de l'*Iliade*, une fois Hector tué par Achille, et Patrocle vengé, la guerre n'est pas finie, la ville n'est pas prise : le poème s'arrête au point culminant de la gloire d'Achille.

La composition du poème est savante, avec des effets d'écho entre divers passages. Elle fait alterner épisodes pittoresques et scènes de bataille. Celles-ci font voir l'horreur du carnage, mais il y a aussi bien des scènes pleines de charme, de tendresse et d'émotion.

LA GUERRE DANS L'ILIADE

Elle oppose, d'un côté, des contingents envoyés par tous les peuples grecs et, de l'autre, les Troyens et leurs alliés. Ces derniers viennent parfois de fort loin, comme les Lyciens du sud de l'Asie Mineure. Telle qu'elle apparaît dans l'*Iliade*, la guerre consiste surtout en combats singuliers. Pour un peu, on dirait qu'il n'y a pas de simples soldats : l'épopée ne s'intéresse guère qu'aux « héros » et à leurs affrontements deux à deux. Quand il y a « mêlée », c'est surtout autour du corps d'un héros tombé : ses amis essaient d'empêcher que celui qui l'a tué ne le dépouille de ses armes.

Les héros vont au combat sur leur char, conduit par leur écuyer. Ils en descendent pour affronter un ennemi. Quand ils ont tué celui-ci, ils en cherchent un autre, et

ainsi de suite… Il n'y a donc pas, dans l'*Iliade*, de combats de cavalerie : on ne s'y bat qu'à pied, au javelot, à la lance ou à l'épée. De temps à autre apparaît bien un archer, mais l'arc, qui frappe de loin, est une arme peu noble, sauf entre les mains d'un dieu comme Apollon. Le véritable héros se bat au corps à corps. Il est équipé d'une cuirasse, de jambières, d'un casque à panache et d'un bouclier, éventuellement décorés de ciselures et d'incrustations de métaux précieux, selon la richesse et le prestige de celui qui les porte.

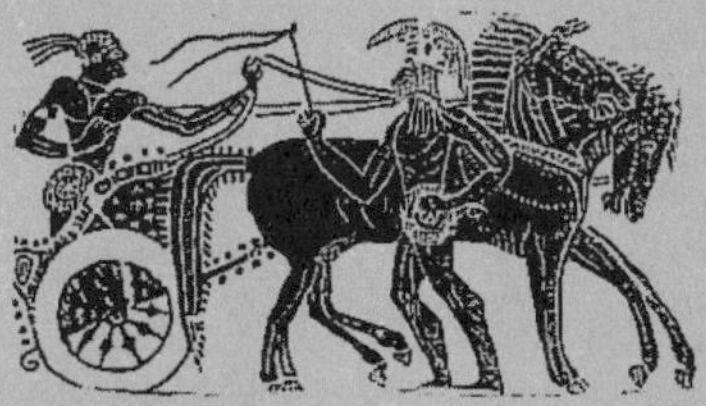

LE HÉROS ET LA « BELLE MORT »

Achille est le type même du héros. Il connaît d'avance son destin et, dans l'*Iliade*, il l'explique lui-même : il ne vivra pas vieux, mais il gagnera une gloire immense en mourant au combat. Car il faut choisir entre la gloire et une longue vie obscure. La renommée du guerrier se paie immanquablement d'une mort héroïque – une « belle mort » sur le champ de bataille. C'est leur vaillance qui justifie les privilèges dont bénéficient les

héros parmi les autres hommes, mais, en con-trepartie, ils meurent en pleine jeunesse.

Il y a là un contraste entre l'*Iliade* et l'*Odyssée*, entre Achille et Ulysse. Certes, Ulysse est un guerrier courageux, toutefois ce qui fait l'essentiel de sa personnalité, ce n'est pas la vaillance pure, mais l'intelligence. De même, le vieux Nestor est le « sage » de l'armée achéenne.

Si l'*Odyssée* est l'épopée des aventures et de l'astuce qui permet d'y faire face, l'*Iliade* est celle de la fougue et de la mort des héros. Hector, quand il réfléchit, ne choisit pas ce qui sera le meilleur pour sa cité mais ce qui lui apportera une gloire héroïque. Sa mort laissera Troie sans chef, néanmoins il choisit de faire face à Achille, en sachant pourtant qu'il va mourir.

LES DIEUX ET LES HOMMES

Tout, dans l'épopée, se trouve entre les mains des dieux, surtout la mort des héros. Chez Homère, comme dans la religion grecque en général, les dieux peuvent être la personnification de phénomènes naturels : c'est ainsi que l'*Aurore aux doigts de rose* personnifie les premières lueurs du soleil levant, le dieu du Xanthe, un fleuve en crue, ou Héphaïstos, le feu.

Généralement, les dieux ont forme humaine : ils sont présentés comme des humains seulement plus grands, plus beaux, plus forts, ce qui est aussi le cas des héros. Mais les dieux, eux, disposent de pouvoirs surnaturels qui leur permettent de guérir miraculeusement un blessé, de l'enlever à son ennemi vainqueur en le cachant dans un nuage, de le transporter instantanément hors du champ de bataille.

Ils se battent parfois comme des combattants « ordinaires », au point qu'ils peuvent être blessés. Il arrive aussi qu'ils s'affrontent entre eux : c'est ainsi qu'Héphaïstos, dieu du feu, force le dieu du fleuve Xanthe, qui poursuivait Achille, à rentrer dans son lit.

L'intervention des dieux est un des éléments caractéristiques de l'épopée : dans l'*Iliade*, Poséidon, Héra et Athéna soutiennent les Achéens, tandis qu'Arès, Aphrodite et Apollon combattent aux côtés des Troyens. Ils sont